PAISAJE Y PATRIMONIO

Un mismo destino a compartir

Josep Ballart Hernández

JAS Arqueología Editorial

Los contenidos de este libro están protegidos por la Ley. Está prohibido reproducir cualquiera de los contenidos de este libro para uso comercial sin el consentimiento expreso de los depositarios de los derechos. En todo caso, se permite el uso de los materiales para uso educacional. Para otras cuestiones, pueden contactar con el editor en: www.jasarqueologia.es

Primera edición: noviembre de 2018

© Edición:
JAS Arqueología S.L.U.
Plaza de Mondariz 6, 28029 Madrid
www.jasarqueologia.es
Edición: Jaime Almansa Sánchez

© Texto: Josep Ballart Hernández
© Imágenes: Especificado en el pie.

ISBN: 978-84-16725-21-2
Depósito Legal: M-38807-2018

Impreso por: Service Point
www.servicepoint.es

Impreso y hecho en España - *Printed and made in Spain*

PAISAJE Y PATRIMONIO
Un mismo destino a compartir

Josep Ballart Hernández

ÍNDICE

Prefacio	1
1. En el principio está el paisaje	5
1.1 El valor de la mirada	7
1.2 El valor de la palabra	13
1.3 Nombrar lo que se ve o la patrimonialización del paisaje	18
1.3.1 Paisajes marcadores	18
1.3.2 Paisajes detrás del ojo ajeno	41
1.4 Transformación, decadencia y reivindicación de los paisajes	47
2. El paisaje recuperado: las bases de la gestión del Patrimonio	**61**
2.1 La sociedad participativa	67
3. El ADN del gestor: evaluar los activos patrimoniales, hacerlos accesibles y atractivos	**71**
3.1 Activos atractivos: cómo lograrlo	73
3.1.1 Asociaciones	76
3.1.2 La importancia de etiquetar	81

3.1.3 Productos derivados	87
3.2 Activos con sentido: qué más se puede hacer	89
3.2.1 Paisajes de los sentidos	89
3.2.2 Paisajes con pedigrí	100
4. Matriz técnica para uso de gestores	**115**
5. Conclusiones	**125**
6. Bibliografía	**129**

Este libro tiene su origen en un seminario impartido en la Universidad de Yucatán, Mérida sobre gestión del patrimonio y turismo, a invitación del arqueólogo Josep Ligorred. Unos años más tarde el profesor de la Universidad Complutense de Madrid Gonzalo Ruiz Zapatero me sugirió convertir en libro el trabajo que continuaba aquellas reflexiones, encauzadas ahora bajo la denominación de "paisaje y patrimonio", que el editor Jaime Almansa ha aceptado de publicar en su colección sobre arqueología. A todos ellos agradezco la parte que les corresponde para que esta propuesta pueda llegar a un público más amplio.

PREFACIO

Este trabajo se compone de dos partes bien diferenciadas, una de contenido teórico y otra de contenido práctico, hasta el punto que podrían convertirse fácilmente en dos trabajos separados. Sin embargo se presenta como uno solo, puesto que se entiende que la parte inicial, notablemente especulativa, proporciona un marco conceptual que dota de superior coherencia argumental a la parte siguiente, más inclinada a las fórmulas, a los consejos y a las recetas. En cualquier punto del mismo subyace al discurso la idea de que los bienes del patrimonio cultural forman parte, cada uno de ellos, de un conjunto superior que a su vez puede concebirse como de interés patrimonial en tanto que resultado él mismo de la singular intervención de seres humanos a lo largo del tiempo sobre un territorio concreto. Es decir, más allá de la valiosa iglesia puntual está el pueblo o la ciudad que la acoge, la cual se inserta a su vez en un espacio mayor, un paisaje diferenciado, a veces único, modelado también por manos humanas. Cada uno de los planos de aproximación de este gran zoom con el cual contemplamos el territorio adquiere pleno sentido solo si se consideran los demás, de manera que cuando se aborda la cuestión de la gestión del patrimonio cultural se impone considerar el tema en su integralidad.

Más específicamente, pensamos que para salvar el patrimonio y fomentar las visitas no basta con poner dinero y conocimiento para restaurar y hacer visitable una fortaleza o un hábitat antiguo; hay que pensar qué ofrece el lugar y su entono para alojar y dar de comer con dignidad suficiente a los potenciales interesados en acudir a este lugar interesante; y en qué medida el entorno no desmerece, por carencias en su puesta en valor, el esfuerzo que se está haciendo en un punto determinado de un conjunto o ámbito mayor. Que el árbol no nos oculte el bosque, porque en realidad el patrimonio es el paisaje: de la base de la torre del castillo desde la que miramos, hasta los azulados montes que cierran el horizonte. Así pues, comencemos por considerar en extensión y profundidad lo más obvio, lo que tenemos siempre delante de los ojos cuando salimos de casa: un paisaje. Un paisaje que será más o menos rico, más o menos interesante, más o menos atractivo por sí mismo o como substrato o envoltura de algo más complejo: unos hechos corroborados de civilización.

Una vez identificada la substancia de los paisajes civilizados, vamos a seguir el argumentario apuntando soluciones prácticas sobre aspectos específicos que gobiernan la gestión del patrimonio, o cómo hacer más atractivos los lugares que se ofrecen a los visitantes y cómo obtener más valor de ellos, desde el convencimiento de que tales lugares así como el paisaje que los envuelve, poseen en cualquier caso algo valioso que mostrar al mundo. Llamémosles turistas o visitantes, esta especie llega a todas partes porque está convencida de que en cualquier rincón hay un paisaje interesante que compartir con otra gente, con otros visitantes y con los locales. Un paisaje plagado de atractivos que cambia aceleradamente —se dan perfecta cuenta de ello porque el mundo es así— pero que no obstante, confían en que aún a pesar de la aceleración de la civilización global, allí justamente una gente ha sabido conservarlo para mostrar la esencia de lo mejor que tienen para hoy, el día de mañana y el futuro.

1.
EN EL PRINCIPIO ESTÁ EL PAISAJE

Emilio Lledó, el filósofo español, decía no hace mucho en una entrevista a El País: «El ser humano tiende a mirar instintivamente y por naturaleza sabiendo a dónde dirigir la mirada; porque esta mirada es un volcarse hacia el mundo y su mensajero no es otro que el lenguaje». «En el fondo», continuaba Lledó, «es esa misma *sophia* de la que habían hablado los primeros filósofos, entendida como deseo de mirar, de abarcar el mundo, de despertar a la realidad». «Somos lenguaje», resumió él mismo en otra ocasión. Mirar y hablar nos hace humanos, tal es el mensaje del filósofo en su natural simplicidad. ¡Qué contraste!, podríamos pensar, el que se da entre la mirada que suponemos fresca, inocente y limpia, con su franco hablar, de las generaciones que nos han precedido y tantas miradas cansadas actuales, fatigadas de tantas pantallas, de tantas solicitaciones.

Y algo similar sucede con las palabras, que parece que se vacían de sentido con el exceso de uso; de ello deben de saber mucho los periodistas y los comunicólogos (por citar solo a dos gremios expertos en el hablar y el escribir), no en vano es moneda bastante corriente en cenáculos académicos y en debates animados por los medios discutir acerca de la sobreexcitación del discurso mundano que entroniza con extrema facilidad el furor y el éxtasis, o quejarse simplemente de la ruina de las palabras enfermas de hipermediatización. Las palabras, de tanto repetirlas azuzados por el frenesí contemporáneo, de tanto usarlas en vano, caerían en pedazos a nuestros pies en ruinas desprovistas de valor, como los muros de una vieja fortaleza desusada.

No es extraño entonces que el visitante de paisajes o el turista vagabundo, como el adolescente sentado en la silla del aula de su escuela, se aburra ante la belleza del mundo como ante un capítulo de la Odisea y se distraiga fácilmente. Nada le llama suficientemente la atención. Quizás es por esto que los gurús del marketing, incluidos los que se dedican al turismo, han decidido que ya no hay que vender productos o servicios sino experiencias y sensaciones. El posturismo, como lo llaman algunos, se agarra a ellas para colocar sus productos: está bien el Machu Pichu pero sobre todo no os perdais tomar unas lecciones de cocina peruana.

1.1 El valor de la mirada

Lo dijo Proust en un recodo de su obra magna: «El verdadero viaje de descubrimiento no consiste en buscar nuevos paisajes sino en ver con unos ojos nuevos». Volvamos pues al punto de partida —nuestra casa, nuestra concha— y miremos instintivamente hacia afuera, a nuestro alrededor, esta vez sin las viejas gafas acostumbradas, demasiado usadas, ni los antiguos prejuicios. Partamos de cero con una nueva cámara colgada del cuello y la mirada límpia de los inocentes, como recién salida a la historia y a la geografía, a abarcar mundo. ¿Qué hay ahí delante? Barremos lo visible como si de un *travelling* cinematográfico se tratara. Sí, nuestra mirada instintiva tiene mucho de cinematográfica, con un sinfín de estímulos que van y vienen del ojo al motivo y se entrecruzan, sin darnos cuenta. Al fin, frente a nosotros aparece «lo que se ve» (LLedó, 2012) o para decirlo con la palabra adecuada, un paisaje. Algo tan simple como eso, o quizá no.

Porque, ¿qué es un paisaje? Déjenme adelantarlo. El paisaje es lo que está al principio y al final de todo recorrido, lo que primero nos asalta, lo que nos rodea. Lo que integra todo lo demás. Lo que abarca todo lo visible desde un punto geográfico cualquiera. Algo sólido en todo caso, fijo, más o menos remoto, más o menos próximo y poblado. Apabullante siempre. No existe el paisaje anodino ni el banal. Richard Ford, el escritor estadounidense, al principio de una de sus historias cortas, «Niños», publicada en 1987 en el recopilatorio Rock Springs, lo expresa con nitidez de esta forma:

Todo tuvo lugar en esa remota región de Montana cercana a la frontera canadiense, al oeste de Sweetgrass Hills. El lugar, llamado Hi-line resulta un paraje vacío y solitario para todo aquel que no cultive el trigo. Y digo esto simplemente porque quizá fue el propio paraje —en la misma medida que nuestra edad o nuestro carácter— lo que jugó un papel vital en los pequeños sucesos de aquel día y los hizo memorables.

Podemos definir de entrada paisaje —es una propuesta— de la siguiente forma sucinta; las precisiones o matizaciones vendrán después: paisaje es el resultado físico de una intervención continuada sobre la superficie de la tierra debida fundamentalmente a la mano del hombre, situada en el campo visual de alguien capaz de reconocerlo. Es decir, un *Hi-line* plantado de trigo como el que contempla el personaje de Ford cerca de Sweetgrass Hills, Montana, más que la visión conmovedora del viajero de Friedrich.

Convendremos que el paisaje así definido tiene un componente físico y objetivo, un origen fundamentalmente antrópico y un componente mental y subjetivo (el ojo individual que lo contempla). Soy yo el que veo (y el que interpreta lo que vé, como veremos más adelante) y lo hago desde mi individualidad, aunque ciertamente veo cosas reales de naturaleza física dotadas de una corporeidad indiscutible (un grupo de árboles, un monte, varias casas, un campo cultivado...) detrás de las cuales está, fundamentalmente, la acción del ser humano en el tiempo. De acuerdo con lo que se acaba de decir, un agrimensor y un geógrafo, incluso más de un filósofo, concederían que naturaleza y paisaje se contraponen. También para algunos

Foto 1. Viajero contemplando un mar de nubes, Caspar David Friedrich (1818). Esta conocida obra de Caspar Friedrich es un ejemplo de pintura del silencio capaz de transmitir emociones sin cuento. La callada inmobilidad del personaje habla de su admiración ante lo que contempla: unos extensos horizontes velados por la bruma. Friedrich veía al caminante, se veía a sí mismo, maravillado ante la contemplación desnuda, sin intermediarios de lo que imaginaba ser un auténtico pedazo de naturaleza. «¡Ante mí la Creación!», podría estar diciéndose a sí mismo el hombre, una profunda turbación que no se exterioriza amparándose de su espíritu. Para la imaginación romántica la montaña ya no expulsa, inspira (véase más adelante). Fuente: Wikimedia Commons.

poetas, aunque ello sería más discutible si habláramos de los más apegados a un romanticismo henchido de amor por la patria, los cuales quizás zanjarían la cuestión sobrevalorando el obtuso solar patrio incluso por encima de las obras de sus criaturas. Solzhenitsyn, por ejemplo, en Agosto 1914 se extasia ante el Cáucaso de una forma parecida a Friedrich, cuyas «cimas (...) intensamente blancas y profundas hondonadas azules (...) se alzan con tanta majestuosidad ante la insignificante creación humana» (citado por R.D. Kaplan, 2017: 203).

Sin embargo, ¿cabe hablar, fuera de la literatura, de paisaje lunar?; o ¿hay verdaderos paisajes sobre la superficie de los océanos? Si desde una alta cumbre andina en lo más profundo de Bolivia uno mira a otra cumbre andina, ¿estará descubriendo un nuevo paisaje? Bien podría zanjarse el asunto distinguiendo como se hace a veces, entre paisaje natural (no se aprecia fácilmente aquella acción humana de la que se ha hablado o se considera insignificante) y paisaje cultural (todo lo contrario), del mismo modo que en el Renacimiento, ante ciertos objetos extraños que despertaban la curiosidad del estudioso, se distinguía entre *naturalia* y *artificialia*. Pero como postulamos el valor de una nueva mirada más fresca y radical, este tipo de acomodos no son del todo satisfactorios. ¿Es que existe todavía en algún lugar de la tierra naturaleza impoluta? Porque, aunque el vocablo paisaje connote para muchos una cierta idea de naturaleza más o menos virginal, de hecho representa todo lo contrario, como apuntábamos. De ahí la astucia del historiador local y geógrafo W.G. Hoskins (1970: 18-19) al inicio de su obra más celebrada, que parece que mida sus palabras para hacernos vacilar:

> Sobre un páramo deshabitado, al alba junto a un estuario remoto o en el mar al acostar un litoral con mucha historia, nada o bien poca cosa es ajeno al escenario de la naturaleza. Lo vemos tal como lo vieron los primeros seres humanos. La imaginación se libera ante una oportunidad así. Sin embargo, no hay muchos lugares donde uno pueda sentir con la misma seguridad que la escena es exactamente la misma que, «en la frescura de un mundo temprano», contemplaron los primeros habitantes.

Para sacar el mejor partido de este tipo de retos intelectuales del discurso, vayamos al paisaje como carne de diccionario. Hay sin duda acepciones muy diversas aceptadas alrededor del término paisaje, tal como comprobamos si abrimos algunas de estas herramientas para el lenguaje lo suficientemente sofisticadas y hacemos lo mismo empleando además los vocablos correspondientes a distintos idiomas. Para la lengua española, el Diccionario de la Real Academia propone lo siguiente: «Parte de un territorio que puede ser observada desde un determinado lugar». Simple y claro. Otro diccionario del español introduce un matiz interesante al referirse a una «situación de conjunto» (de algo observable si bien complejo). Pero nos vamos a centrar sobre todo en aquellas otras acepciones que inducen a distinguir explícitamente entre obra humana y obra de la naturaleza, porque, como comprobamos si hacemos el ejercicio, el término da para mucho. La Real Academia de la Lengua Española en una segunda acepción habla de «espacio natural admirable por su aspecto artístico». Todo paisaje llevaría, pues, el sello humano (lo dice implícitamente la Academia al hablar de arte), desde el más elemental al más sofisticado, aunque solo emergiera tal sello de la naturaleza subjetiva del observador, forzosamente un ser humano; y de esta forma sería susceptible de confrontación con la obra de la naturaleza ajena a cualquier destino humano: la naturaleza inhabitada, la naturaleza virgen. Así, desde este y otros puntos de vista, cualquier paisaje sería un paisaje cultural, por lo tanto, susceptible de contemplarse en términos de herencia, es decir, de patrimonio cultural. O, dicho de otro modo, en cualquier paisaje deberíamos poder distinguir elementos candidatos a ser patrimonializados como pura herencia humana o herencia civilizadora. Una inequívoca señal del rampante Antropoceno.

En el extremo opuesto, más allá del Polo Norte geográfico o del Polo Sur geográfico, el colmo del no paisaje sobre la tierra, el lugar más indicado para no toparse con nadie, ayer ni hoy, el punto más alejado de una costa colonizada o colonizable, el polo de la más radical inaccesibilidad marítima superficial (el mar en sí no es habitable), existiría también, al menos teóricamente, y de hecho parece que ya ha sido localizado por unos geógrafos españoles en mitad del Pacífico Sur, habiéndolo bautizado como Punto Nemo en honor al personaje de Julio Verne (véase El País de 10 de octubre de 2016).

Entre los seres humanos, la tierra se opone al mar (el relato «El viejo y el mar» de Hemingway lo certifica rigurosamente) como se opone al abismo —«más allá de Finisterre caía en turbadora vertical el fin del mundo» (véase Félix de Azúa en El País)—, simplemente porque aquella ofrece la posibilidad de encontrar refugio y es susceptible de habitarse. El mar ofrece únicamente su limpio horizonte que es donde empieza, en el relato mitológico, la naturaleza primigenia poblada con sus propios monstruos. Más cerca, aparece entre brumas el faro salvador que conduce al hombre embarcado, o al náufrago, a su morada de tierra firme arropada por un paisaje familiar.

1.2 El valor de la palabra

Sigamos pues con la búsqueda en torno del vocablo paisaje, aunque, por un momento, haciendo etapa inicial en los saberes disciplinarios para una aproximación lo más global posible. La geografía se apodera en seguida del término en tanto que paisaje geográfico para referirse al aspecto de una porción de la tierra visible a ojo desnudo desde un punto determinado: es un valle en forma de V, dicen. Para el antropólogo, paisaje es por encima de todo un constructo intelectual. No es tanto lo que vemos sino lo que pensamos que vemos. Dicho de otra manera, paisaje es una forma de mirar, es una categoría cultural, no una constatación de algo tangible obtenido con la ayuda de las ciencias de la naturaleza. Un ejemplo de este enfoque lo encontramos en esta frase de A. Roger (1997: 23) : «El monte Fuji ya no es una creación natural sino la obra milenaria de los mil genios de la cultura japonesa». Jackson, historiador norteamericano de la arquitectura, ve tres acepciones gravitando sobre el vocablo *landscape*. La primera, la más ubicua, apunta a un sistema de espacios creados por el ser humano en el que su construcción podría describirse como una forma de intercambio entre los recursos naturales —sus propiedades y ventajas— y la capacidad humana de usarlos para sobrevivir como especie. La segunda entiende el paisaje como un objeto estético, sin menospreciar a las ciudades y otras formas de ocupar el territorio. La tercera ve el paisaje como la manera que tienen las comunidades locales de organizar y desarrollar los espacios geográficos que los rodean en función de las necesidades específicas del lugar (dando lugar a hábitats vernaculares).

Sin darnos cuenta, nuestra mirada, la del nativo, la del visitante o invitado, la del labriego o el industrial, la del turista, la del entomólogo, la del antropólogo... se vuelve de repente otra vez inquisitiva. Se va cargando de argumentos. Vuelve a pesar. Con la mirada atenta abarcamos más y más espacio, un espacio físico que se llena de paisaje. «En el principio está el paisaje» reza el título de este apartado, vayamos pues a lo más hondo, a las raíces, para encontrarnos con el lenguaje esencial: nada existe si no es nombrado, dice el saber más arcano. La palabras dicen mucho sobre cómo es integrado culturalmente un territorio, un entorno físico, por una comunidad. No nos queda más remedio pues, que buscar entre las etimologías para aprender más sobre cualquier paisaje, porque conocer toda la riqueza de las viejas palabras es fundamental para entender lo que tenemos delante.

La lengua, las lenguas nos ofrecen un campo de estudio fascinante donde cada comunidad idiomática presenta matices diferentes sobre este objeto que venimos llamando paisaje. Para el español, se trata de un término procedente del francés *paysage*, que a su vez viene de *pays*. Una mención antigua francesa del término (de 1549 y probablemente la primera que lo hace) lo define como *etendue de pays*. *Pays* es una deformación del término latino tardío *page-n-sis*, es decir, el que vive en un *pagus*. *Pagus*, viene de *pangere* que significa fijar;

en otras palabras, se refiere a una delimitación identificable territorialmente como una comarca o distrito agrícola, muchas veces al margen de connotaciones naturales. De *pagus* sale directamente pagar, con lo que se asocia unos bienes de la tierra con unas fronteras conocidas o un tamaño determinado, a una dimensión económica. Volviendo al término país y a sus derivados, la voz paisano en español designa a aquel que pertenece al lugar, o dicho de otra manera, el que está arraigado al país de una forma parecida a los árboles, las cascadas o los montes. Vemos con admiración cómo una familia linguística ha crecido y se ha desparramado y cómo viaja de un país a otro.

Para hablar básicamente de lo mismo, la lengua inglesa utiliza el término *landscape*, un término que ofrece mucho juego. Este término, procedente de las lenguas germánicas contemporáneas al latín que se hablaban junto a las costas del mar del Norte y en las Islas Frisias, significaba en su grafía original *land-schop*, «tierra removida», o mejor, «tierra arrancada con palas y vaciada en el mar» (véase Stilgoe, 2015), lo que sugiere la lucha por la supervivencia de unos indómitos colonos habitantes de una franja de tierra arisca de la Europa del Norte sometida con frecuencia a los embates del océano. La gente de mar emparentada con los excavadores de diques de tierra firme llevó el término a las Islas Británicas, transformándose allí hacia el final de la Edad Media en *landskep* y más tarde en *lansdcape*. Stilgoe no duda en definir el término en la primera línea de su libro: «*Lansdcape* designa la superficie de la tierra que la gente ha ido modelando y sigue modelando deliberadamente con un propósito de permanencia». Más adelante este mismo autor opone *landscape* a *wilderness* (el estado de la naturaleza que significa ausencia de civilización) y zanja significativamente: «Wilderness appears timeless». *Wilderness*, desprovista de traducción directa al español, solo puede entenderse como yermo o desierto deshabitado; así pues, la vaciedad antihumana o deshumanizada como trasunto de toda inmutabilidad (en términos de reloj humano, no geológico). ¿Qué otros marcadores del tiempo puede haber para el historiador fuera de los hechos de civilización? ¿Qué otra cosa persiguen los arqueólogos? Todo paisaje implica pues, acción humana sobre el territorio, acción real que se desarrollla en el tiempo; gentes obligadas a sacar de su entorno un sustento: la lucha por la vida.

Por contraste, evoquemos dos definiciones recientes de paisaje con voluntad sintética. Una, del Consejo de Europa, pone por delante la idea de la percepción de la población, de esta manera: paisaje es «cualquier parte del territorio tal como la percibe la población, el carácter del cual es el resultado de la acción y la interacción de factores naturales y/o humanos». La otra (véase Toublanc, 2009) subraya la naturaleza compleja del término de esta forma:

> La investigación nos enseña de qué forma el paisaje es un objeto complejo dotado de múltiples facetas, situado entre la naturaleza, la técnica y la sociedad. Es una producción social y cultural producto de la mirada dirigida sobre el territorio y asimismo de la acción de una sociedad sobre su espacio.

Toublanc nos proporciona un buen punto para un alto en el camino. Hemos dejado aparcado otro término crucial que aparece a menudo: territorio. Territorio admite acotaciones simples como «esfera de acción», si nos ceñimos al diccionario español de la lengua y lo asimilamos a terreno, o también «porción de la superficie terrestre que pertenece a un ámbito de jurisdicción determinado como el Estado, la región o la provincia», etc. En ambos casos queda fuera de su campo semántico toda referencia a la indeterminación que implica la noción resbaladiza de naturaleza virginal (uno de los literatos que mejor maneja esta noción de una forma cándidamente encantadora es Bernardin de Saint Pierre, correspondiente y amigo de Rousseau).

Sigamos finalmente con el término patrimonio pues nuestro tema es paisaje y patrimonio. Patrimonio procede del latín *patrimonium*, un término vinculado a paterno, patricio o patria (es decir, el lugar de donde provienen los padres, según la lengua de los griegos). La voz tiene dos acepciones fundamentales: a) lo que se hereda de los padres, sea del padre o de la madre y b) la herencia transmitida por las generaciones precedentes a las generaciones futuras (lo que trasciende a la noción de propiedad personal). Hay una nueva acepción del término que es imperativa aunque no nos importe tanto aquí dado que rige en la esfera del derecho privado: los bienes de los que una persona es titular, o el conjunto de bienes que pertenecen a una persona. A los estudiosos del patrimonio cultural nos interesa en particular la acepción que conlleva connotaciones sociales o colectivas; es decir la b). Pero tal herencia que recorre generaciones no es ya solo física en el sentido de los bienes materiales; con el tiempo la noción ha ido adquiriendo un carácter más general y más abstracto. Así, podríamos decir con el sabio, «cada descubrimiento de la ciencia es patrimonio de todo el mundo». O reconocer, con la ayuda de la antropología, cómo es de elástica esta noción cuando hablamos del patrimonio cultural y de qué manera la idea genérica que subyace va abarcando cada vez más cosas desde aquel momento impreciso del siglo en que eruditos y aficionados descubrieron que había un conjunto de bienes materiales, heredados de las generaciones anteriores, que seguían inspirando al presente porque representaban valores altamente estimados en los que uno podía seguir reconociéndose (manteniendo el sentido y significado originales o como parte de una memoria histórica).

Establecido el valor superior de tales objetos, o mejor dicho de tal acervo cultural, pues incluimos elementos tangibles y no tangibles, la sociedad y con ella el Estado van haciéndose cargo de los mismos para protegerlos convenientemente con el auxilio de la ley, puesto que se entiende que esta herencia, al igual que el llamado patrimonio natural, es portadora de valores irrenunciables para una sociedad moderna y civilizada y que las nuevas generaciones deben beneficiarse del mismo modo de ella. Establecidas estas premisas no sorprende que el diccionario defina actualmente patrimonio como el conjunto de bienes naturales o culturales que son protegidos legalmente con el fin de garantizar su conservación.

1.3 Nombrar lo que se ve o la patrimonialización del paisaje

1.3.1 Paisajes marcadores

Si hemos de quedarnos con algo esencial de la noción de patrimonio, sería lo de herencia, tanto material como inmaterial, que reputamos valiosa para las generaciones y que es susceptible de protección. Cuando los bienes del patrimonio o bienes culturales se encierran en un museo todo encaja: al fin podemos proteger dignamente un bien estimado. Pero cuando permanecen en su entorno original como una iglesia que sigue siendo usada como lugar de culto, y cambian o evolucionan con el uso y con el paisaje que los contiene, como una fábrica o un puente, todo se hace más complejo. Actualmente patrimonializamos pueblos enteros, valles industriales y fondos marinos. Hablamos pues de conglomerados no de meros objetos o conjuntos de objetos más o menos singularizables.

Esta evolución del objeto singular al conglomerado significativo ha llevado a hablar de paisajes culturales. Es un logro relativamente reciente: unas pocas décadas. UNESCO ha declarado Patrimonio de la Humanidad algunos paisajes destacados como el Paisaje Cultural de Sintra (Portugal) que ensambla una villa, sus bosques y jardines, y los relieves a su alrededor. El Consejo de Europa viene impulsando una nueva cultura de la conservación y mejora de los paisajes europeos desde al menos el año 2000 cuando aprovó el Convenio Europeo del Paisaje. Su acción en favor de los paisajes europeos, tan humanizados, ha creado escuela. Pero los paisajes culturales como objeto de estudio o de sensibilización medioambiental o incluso humanística, no puede reducirse a la toma en consideración de solo los más emblemáticos. La variedad de los paisajes culturales en Europa y fuera es tal que no es fácil reducirlos a taxonomías, aunque no es impensable que alguna forma de categorización pudiera ser útil al estudioso. Pero tal cosa no existe todavía.

Se habla en registros variables de paisajes urbanos, rurales, agrícolas (los conocidos *openfield* y *bocage* europeos entre otros), marineros, litorales, industriales, etc., sin una marcada intencionalidad científica, o más a menudo de forma puramente convencional. Desde el lado de la Academia, los geógrafos, dueños de patentes suficientes al respecto, disciernen entre unidades paisajísticas amparándose en esquemas disciplinarios rigurosos. Los medioambientalistas disponen por su parte de un arsenal científico extraordinario con el que abordar los ecosistemas que componen los distintos paisajes. Arqueólogos, museólogos y otros estudiosos del patrimonio están más perdidos. Encuentran que del hallazgo singular al horizonte envolvente hay demasiado terreno que abarcar, mientras que el concepto de entorno es demasiado fluido. El interés por el tema más allá de las disciplinas es creciente. El Instituto del Patrimonio Cultural de España ha lanzado recientemente la web *Narrando Paisajes* con el fin de promover la conservación y disfrute de los paisajes culturales del país. Cuando presenta los aproximadamente cien espacios escogidos, se refiere a ellos con expresiones como «los verdes valles de la Ribeira Sacra de Ourense y Lugo, la aridez del desierto de Tabernas en Almería escenario del filme Cleopatra, el paisaje rojizo de las Médulas de León a vista de dron...». Esa mezcla semántica de tradición y modernidad a la hora de comunicar con el público, es un dato interesante (qué cosa más antigua que un lugar de trabajo forzado —una mina para el caso— para miles de esclavos bajo el yugo romano, en contraste con la modernidad apabullante de la tecnología dron que ayuda a descubrírnoslo), aunque luego la diversidad quede reducida a cuatro grandes grupos paisajísticos del tenor siguiente: el mundo del campo, los espacios simbólicos, los industriales y el comodín ciudad-historia-defensa. El interés institucional por hacer descubrir los paisajes de un país es una noticia remarcable e indica que se está abriendo paso una nueva sensibilización, una nueva forma de aprehender el territorio. El historiador viajero Fernando García de Cortázar comparte parecida sensibilidad, como pone de manifiesto su última obra (véase la bibliografía), nada menos que un fecundo viaje por lo más granado de la geografía española, con guiños a la obra de intelectuales que le precedieron en estos mismos placeres como Azorín o Camilo José Cela (y si se me permite, con un homenaje implícito incluido al verdadero precursor Pau Piferrer).

Me gustaría llamar la atención sobre lo que llamaré paisajes marcadores básicos, una especie de paisajes civilizados, comunes y universales, muy elementales, los cuales se caracterizan por la aparición sobre el territorio de al menos un elemento de civilización claramente diferenciador que actúa de marcador universal del tiempo, o de un conjunto de ellos, cuyos efectos transformadores del espacio circundante están en la base de cualquier tipo de progreso material y humano. En concreto, en la configuración de tales paisajes marcadores se encontrarán uno o más de los siguientes artefactos propios de cualquier civilización: el camino, el puente, el templo, el muro, el muelle, la aldea o la ciudad, el palacio o el castillo, la acequia, el campo cultivado, la mina, el canal y algunos más; aunque habrá casi siempre un tipo de artefacto estructurante que ejercerá para nosotros, observadores pertinaces de nuestro entorno cambiante, el papel de marcador más conspicuo, el cual por sí solo ofrecerá pistas sobre la fase histórica de desarrollo del

Foto 2. Mojón en el camino. Modestísimo, el mojón es sin embargo un hito inconstestable en un paisaje. Tiene vocación de permanencia y su función no es en absoluto insignificante: delimita el territorio, pone lindes o fija límites, anuncia propiedades, divide países, identifica términos, traza fronteras, informa al viajero, da indicaciones sobre el poder de un príncipe, representa al Estado, puntea mapas. Del mismo linaje lingüístico que el término latino *patronus*, esta voz se asocia a patrón, padrón, patrono, protector, dueño, modelo, nómina, lista, censo, matrícula, catálogo, encrucijada, piedra, pilar e inscripción. ¿Cabe otra señal más civilizada sobre un paisaje? Foto del autor.

grupo social o civilización que lo creó. Así, por ejemplo, un cruce de autopistas nos señalará un paisaje reciente caracterizado por el movimiento y los desplazamientos, y algo parecido sucederá, aunque a otro nivel y para otra época, con un camino de sirga que atraviesa una comarca asociado a su vía de agua o canal. O, para poner otro ejemplo, la contemplación de unos campos cultivados que llenan de olivos plantados en damero un gran campo visual nos indicará que estamos ante un paisaje cultural mediterráneo tradicional, económicamente connotado.

Pero vayamos por pasos. Para explicar mejor estos conceptos relativos al paisaje como cultura en sus apariencias más esenciales, permítaseme hablar con algo más de detalle sobre algunos de esos artefactos marcadores. Una de las cosas que mejor caracteriza un paisaje humanizado es una red de caminos; desde las sendas de los cazadores-recolectores paleolíticos (véase Gamble, 1999) a la vías romanas; de la tela de araña que forman los caminos que cruzan la campiña alrededor de una aldea medieval europea, a la red de autopistas que atraviesa una región del nuevo mundo. Como arterias necesarias por las que circulan los fundamentos de cualquier civilización, los caminos constituyen un marcador de primer orden. Son algo extraordinario cuando se trata de contemplar a seres humanos intentando aprehender un territorio. Unas veces actúan como el verdadero sostén de una estructura económica y de poder compleja, como es el caso de las vías romanas que mantuvieron vivo, casi literalmente, al Imperio. Roma era, lo sabemos bien, sus ciudades y las vías por las que se comunicaban los romanos. Otras veces, los caminos incorporan facetas ajenas a todo materialismo. Esto sucede cuando en ciertos nodos, entiéndase en algunos puntos de encuentro de estos caminos, se conforman espacios singulares donde lo divino y lo humano coinciden en una suerte de interfaz entre el cielo y la tierra. Es el caso de los cruces que señalan un punto bendecido por los poderes sobrenaturales sobre el que los hombres levantan una cruz de piedra, una imagen santa bajo un modesto refugio o una sencilla ermita. Aunque, dependiendo de la cultura, la obra edificada para consuelo del espíritu tenga la forma de un morabito o de una stupa. Sobre la Vía Apia, a la entrada de Roma, la calzada se ve flanqueada de tumbas y otros monumentos sepulcrales. Los cementerios son en Occidente un hito inconfundible en la prolongación de las vías de salida de las poblaciones.

Lo habitual en Europa es que los caminos se desplieguen como una urdimbre, vieja de mil o de dos mil años alrededor de las parroquias, pespunteando el trazado que lleva de las casas a la Iglesia y de aquellas a los campos o a otro núcleo cercano:

> No hay aldea que no esté ligada a un burgo por algún sendero (solo peatones), carrera (ocho pies de ancho según la costumbre) apta para las carretas en fila, o a veces incluso una verdadera vía (unos 16 pies de ancho). El uso fue especializando algunos de esos caminos: así, los caminos de carro pescadero, recorridos por bestias enalbardadas más que por grandes vehículos de pescado (...) Aquí y allá aparecieron también caminos de alfareros; por todos lados caminos de viña, los más estrechos, y sobre todo, caminos verdes, es decir, cercados por setos, por los cuales el ganado marchaba del establo al pasto comunal sin poder vagabundear por los labrantíos así protegidos (...) Cañadas, caminos de transhumancia, caminos de sirga, caminos de sal; podrían multiplicarse los ejemplos (Goubert, 1980: 76-77).

Foto 3. Cementerio judio de Praga-Josefov. Al borde del camino o en el interior de las ciudades, o con mayor modestia alredor de la iglesia parroquial en los tiempos más oscuros, los cementerios constituyen lugares de visita mundana más allá de las pulsiones íntimas de cada uno. Espacios para la melancolía y el recogimiento, tienen un atractivo que oscila entre lo puramente estético y lo romántico. Los mitómanos de la historia se acercan al Père Lachaise parisino y los góticos apasionados a cualquier camposanto de la campiña inglesa. El cementerio del gueto judío de Josefov, atrapado entre museos, sinagogas y bloques de apartamentos art nouveau de la ciudad del Moldova, desborda toda calificación. Ocupa un solar convertido en territorio sagrado desde la Edad Media, aunque también es un monumento por derecho propio con esos más de quinientos años de existencia comunal a su alrededor de una destacada minoría y es un señalado lugar de memoria. Por todo lo cual solo en términos turísticos pesa casi tanto como el Puente de Carlos de la misma ciudad. Foto del autor.

He aquí una evocadora descripción de los caminos locales referida a la vieja Europa. Estaremos de acuerdo en que los nuevos habitantes del viejo continente estamos perdiendo la memoria de la mayor parte de los caminos milenarios, algunos de los cuales sobreviven como senderos deportivos. Un paralelo histórico de los caminos civilizados del otro lado del Atlántico evoca otra civilización del pasado, centralizada como la romana, aunque desconocedora esta de la rueda: la incaica, desplegada sobre el espinazo andino, entre la selva y el mar, gracias a otra red extraordinaria de caminos: Qhapaq Ñan, el Gran Camino o el Camino Regio, recientemente incorporado a la lista de bienes de Patrimonio de la Humanidad. Ciertamente, algunos de los «grandes caminos» con denominación propia han adquirido un prestigio patrimonial excepcional, véase al respecto el Camino de Santiago, la Vía Apia, el Camino del Inca (una fracción del Gran Camino), el Camino Real de Tierra Adentro, o la Voie Sacré entre Bar-le -Duc y Verdún (batalla de Verdún, 1916). Y uno de los que más recientemente ha experimentado una suerte de sacralización turístico-patrimonial ha sido la conocida como Ruta 66, que atraviesa los Estados Unidos de América desde Chicago a Los Ángeles (y donde se suceden iconos de la cultura popular norteamericana contemporánea muy conocidos en todo el mundo gracias a la publicidad).

Los puentes, continuación natural de los caminos en las cesuras naturales formadas por barrancos, torrentes, bahías y ríos, forman por sí mismos un subcapítulo diferenciado del libro de los paisajes marcadores. La sola imagen del Golden Gate de San Francisco basta para ilustrar esta idea, un reto de unos ingenieros del XIX convertido en icono del progreso y elevado a la categoría de Parque Nacional en los Estados Unidos de América. La idea misma de puente es muy sugerente. El arqueólogo hace de su profesión un empeño para levantar sofisticados puentes virtuales que sirvan para transitar del presente hacia el pasado, como Indiana Jones, su sosias de celuloide, que debe atravesar sucesivos puentes tenebrosos y arriesgadísimos, cuando no imposibles de pasar, para llegar a su objetivo. Los puentes parece que atraen a las tinieblas. ¿Qué habrá más allá, al otro lado? Algo así se demanda el turista ante la bahía de San Francisco, cuya persistente niebla matutina es capaz de realzar por sí sola la fotogenia natural del puente que la encabalga.

Un puente despierta un tipo de inquietudes y temores arcanos muy particular, que mitos y leyendas han hecho viajar a través de los siglos. En tiempos paganos los constructores de puentes ofrecían sacrificios humanos sobre las mismas orillas donde iba a elevarse y enterraban los restos de los sacrificados bajo las primeros pilares. En Roma existía una autoridad específica, el pontífice, encargada de reparar y mantener en condiciones de circulación el puente de los puentes, el que salvaba al Tíber, convertido en lugar sagrado. Sobre el mismo el pontífice presidía cultos sacrificiales muy solemnes. Él hacía de médium entre los dioses y los hombres; es decir, ponía en relación simbólicamente a unos y a otros, como los propios puentes que debían servir para facilitar el tránsito y los contactos, esta vez realmente. Pero el pueblo llano que observaba desde la orilla al pontífice y a su séquito, como Sancho ante las bravatas de Don Quijote, gustaba pontificar a su manera y se libraba a chascarrillos bien imaginativos. Sea eso o no, muchos puentes conservan todavía en Europa el nombre de Puente del Diablo. Se trata de puentes atrevidos, de difícil ejecución, normalmente de época romana o medieval y un solo arco de factura bellísima. La leyenda que se esconde detrás de una denominación tan peculiar es más o menos la misma en todas partes. Cerca de Barcelona, en la entrada de la villa de Martorell, el modesto Llobregat, un río muy industrial, se puede cruzar por el mismo puente que hace dos mil años. Un eslabón de la Via Augusta fue concebido para soportar un tránsito de carros de bueyes, por lo que su calzada era ancha y llana. Todavía se conservan los estribos levantados con grandes sillares por los alarifes romanos y un arco triunfal honorífico. Fue reconstruido varias veces; la más significativa, con un solo arco central atrevidísimo, está fechada en 1283.

Foto 4 Pont del Diable, Martorell. Situado en el enclave geográfico y estratégico del congosto de Martorell, clave para la salida del litoral hacia el interior, el puente sobre el Llobregat llama la atención del pasante en medio del pandemónium de autopistas, líneas de ferrocarril y carreteras que se cruzan a las puertas de la población, con el fondo ocupado por los grandes polígonos industriales del Baix Llobregat; el de la Solvay en primer lugar y el de la Seat más allá. La montaña de Montserrat cerrando el paisaje, que alberga en un monasterio la patrona de Catalunya, es un contrapunto espiritual ante tanta materialidad. Los obispos, previsores, impusieron en la Edad Media la erección de capillitas con imágenes de la Virgen o de santos sobre los puentes para santificar estas herencias materiales de la Antigüedad pagana.

Cuenta la leyenda del Puente del Diablo de Martorell que una anciana tenía que pasar a diario el río para ir a buscar agua a una fuente del otro lado. A su edad no le hacía ninguna gracia mojarse las pantorrillas con el cántaro a cuestas. Un día cuando estaba a punto de pasar al otro lado se le apareció el Diablo.

—¡Cómo va a pasar el río una persona como tu! —le dijo—. Con mi gran poder haré que no tengas que cruzarlo nunca más.

—¿Cómo? —preguntó ella.

—Dame una noche y construiré un puente hermoso como no hay otro en el mundo. Y gratis puesto que me conformo con quedarme el alma del primero que cruce el puente.

La anciana aceptó el trato. Al día siguiente el puente estaba acabado. El Diablo, escondido en la orilla opuesta, detrás del pie del arco, esperó a que la anciana pasara el puente para requerirle el alma, pero las cosas salieron de otra manera. Cuando la mujer llegó al puente sacó del cesto que llevaba un gato negro, que asustado, empezó a correr puente arriba. Así es como desde ese mismo día la anciana y todo el mundo pueden cruzar el puente sin miedo, mientras el diablo burlado se contenta con contemplarlo atónito desde su rincón junto al alma de un gato negro. Foto del autor.

Los ríos normalmente, pero las acequias, los canales y otras vías de agua artificiales constituyen también otro marcador paisajístico esencial. Entre los artefactos a considerar aquí se puede incluir además a los diques, las enclusas, los azudes, las represas y las fuentes, entre otros. Se trata sobre todo de artilugios para administrar el agua necesaria para la vida doméstica y la salud individual y colectiva, así como para las actividades agrícolas y aún para el simple goce, aunque también puede tratarse de protegerse del agua excesiva. El Palacio de la Alhambra, Patrimonio de la Humanidad, es uno de los monumentos más visitados de España. Sin embargo, muchos turistas es posible que se despidan del mismo al final de una visita sin haber entendido lo más importante: este palacio nazarí no se puede comprender si no se atiende el papel que desempeña en él el agua. Las Alpujarras, esa comarca montañosa situada al sur de Sierra Nevada, a la que se accede desde Granada, es hoy un Parque Natural protegido. Más allá de los parajes más o menos espectaculares en términos de naturaleza, el parque tiene un punto de interés fundamental: el sistema de acequias creado por los musulmanes que colonizaron esta zona durante la Edad Media. Se trata de una obra de ingeniería hidráulica singular (cuyos paralelos más remotos se encuentran en Yemen, en la llamada «Arabia feliz», en Persia y en la India) que recoge las aguas de la fusión de las nieves de la sierra y la distribuye por las laderas plantadas de frutales, las aldeas de las vertientes y los valles hasta la ciudad de Granada, donde alimenta las fuentes de la Alhambra y el Generalife. Son más de 1000 kilómetros de canalizaciones que, por gravedad, desde hace más de mil años, llevan el agua cristalina del monte hasta todos los rincones que la precisan.

Hay en el mundo otros paisajes valiosos marcados por el manejo del agua, como el que envuelve a la ciudad khmer de Angkor, cuya histórica decadencia se asocia a problemas en el control del sistema de canales y embalses, o Petra de los nabateos, cuyo sistema hidráulico de 200 kilómetros de canalizaciones en conductos de barro cocido conducía el agua de la escasa lluvia que caía sobre los macizos desérticos (recogida y almacenada en cisternas de altura y embalses) a la ciudad extendida por el fondo del valle. Algunos de estos paisajes del agua todavía vivientes, aunque en trance de desaparición, conservan el aura de las prácticas ancestrales más logradas, como es el caso de la Chinanpa mexicana. Este sistema de cultivo en zona lacustre hizo posible el milagro de Tenochtitlán. El Tribunal de las Aguas de Valencia, monumento inmaterial de origen califal, tiene sus paralelos todavía vigentes en el corazón de China y en áreas rizícolas de la península Indochina. Más cerca de nuestro siglo el *marais* Poitevin, en Francia (centro-costa atlántica), es una muestra de cómo en el siglo XIX se seguían fabricando zonas de cultivo a base de transformar las marismas en un dédalo de canales y de senderos flanqueados por rígidas hileras de fresnos de la misma edad y tamaño. Hoy es un paisaje protegido y apreciado por residentes y turistas.

En fin, algunas palabras más para dar lustre a otro elemento corriente del paisaje —el muro de piedra— el marcador que mejor identifica a más de un paisaje agrario tradicional, como el de los viñedos cuesta arriba del Lavaux, a orillas del lago Leman en el cantón de Vaud, merecedores de declaración como Patrimonio de la Humanidad, o el del *bocage* del interior de Irlanda. En la isla, miles de kilómetros de muros de piedra seca separan allí dominios y propiedades en los que pasta el ganado en libertad (en otros muchos campos de media Europa continental resisten todavía otros miles de kilómetros de otros muros parecidos, también en piedra seca, que aguantan la intemperie desde tiempos inmemoriables; sin embargo solo hay que ser un excursionista de fin de semana para darse cuenta de hasta qué punto están entrando en rápida decadencia). Es difícil precisar cuando fueron levantados, pues las técnicas de construcción y los materiales no han variado desde los tiempos de los celtas (la piedra debía proceder del propio campo que se quería vallar, que se nivelaba a golpe de pico, retirándose entonces los bloques quebrados para facilitar el cultivo o el pastoreo), mientras han debido de ser reparados muchas veces. La historia más heroica detrás de este tipo de actividad que obliga a extraer piedra del suelo, proviene de las pequeñas islas Aran en la costa occidental de Irlanda, donde para sobrevivir las familias extirpaban la piedra que cubría por entero el suelo para procurarse unos pocos metros cuadrados de superficie cultivable donde plantar patatas. La adición de algo de arena de la playa y de algas del mar en la cubeta cavada servía para obtener un escuálido horizonte fértil en el que poder sembrar.

Estos muros tan europeos, tan serenameante bellos y perfectamente funcionales en su natural simplicidad, son a la vez artefactos de cierre y defensa e instrumentos asociados al desarrollo de una economía productiva, por lo que participan de una doble naturaleza como señaladores conspicuos.

Foto 5. Muro en piedra seca típico del alpage del Jura suizo de la zona de la Combe des Amburnex, Cantón de Vaud. En otro tiempo estos muros, realizados con el esfuerzo de generaciones de montañeses, servían para crear demarcaciones para el pastoreo estival en los altos prados. Contra el verde de la vegetación y el blanco prístino de la nieve y según la luz ambiente, el aparejo casi ciclópeo de este tipo de cercados, coloreado de musgos y líquenes de variable arraigo, transmuta para ciertas miradas ocasionales de nuestros días, en verdadera obra de arte contemporánea rica en formas y texturas, naturalmente de autor desconocido. Foto del autor.

Esta duplicidad ocurre a menudo en otras partes puesto que los paisajes raras veces son unitarios; al contrario, normalmente diversos tipos de artefactos interaccionan en ellos. Por ejemplo, asociados a los canales y las represas hay casi siempre instalaciones industriales como molinos bataneros, molinos harineros, ferrerías, adoberías o centrales hidroeléctricas. Los molinos de viento holandeses vinculados a diques y polders son la postal más inmediata. El Canal del Midi (de Toulouse al puerto mediterráneo de Sète), por ejemplo, es un monumento industrial y técnico que sintetiza como pocos los anhelos de progreso de una era obligada a contar con el aprovechamiento de los recursos en aguas interiores para progresar. Iniciado en 1664 por iniciativa de un negociante tolosano, fue terminado en catorce años en un esfuerzo titánico. Es el más antiguo de los canales continentales franceses y seguramente el más conocido (es Patrimonio de la Humanidad). Sus 250 km de recorrido de oeste a este en el mediodía francés riegan hoy la industria turística de las comarcas por las que atraviesa.

Las instalaciones portuarias y otros desarrollos asociados a las costas como islas y penínsulas artificiales conforman otro tipo de artefactos fundamentales que pueden dar lugar a una nueva tipología diferenciada de la de los paisajes creados a partir del control de las aguas interiores. Rotterdam es un gran puerto que sigue desarrollándose y creciendo, ocupando espacios donde antes había mar a base de penínsulas artificiales. Por allí entra la mayor parte del petróleo que pide la industria europea. El puerto de Tokio solo puede comprenderse si se estudia cómo sus planificadores han ido ganando terreno al mar mediante la construcción de islas y plataformas artificiales. Dubai ha construido en la línea de la costa, sobre bancos de arena creados artificialmente, enormes urbanizaciones en forma de palmera que solo se visualizan adecuadamente desde el cielo. El Canal de Panamá justifica una visita turística al país centroamericano. Stefan Zweig lo calificó en 1912 como la más grande obra jamás realizada por el ser humano hasta la fecha; un hito histórico en el enfrentamiento milenario entre naturaleza y civilización que vale a los Estados Unidos de América, en opinión del autor, el acceso al primer rango entre las potencias mundiales: «El grito de victoria lanzado por nuestra gran época heroica que al fin ha dominado la naturaleza y que, por vez primera, impone su voluntad despótica a las montañas y a los mares» (1996: 31).

El artefacto ciudad, desde la *polis* inaugural helena o sus pares del oriente cercano, es lógicamente complejísimo con su enorme variedad de posibilidades de abordaje, porque cualquier ciudad, antigua o moderna, es mucho más que un concentrado de viviendas independientes. Una forma de contemplar las ciudades, por ejemplo, es en relación a su ubicación geográfica. Al respecto es ilustrativa la reflexión de un vecino de Viena sobre su ciudad, un autor acabado de citar, cuando esta parecía a ojos de Roma poco más que muralla o defensa:

> Los romanos se contentaron con establecer, en el punto del Danubio más propicio, un *castrum*, una plaza fuerte fortificada destinada a rechazar los ataques de las tribus bárbaras contra su imperio. Desde ese mismo momento la misión histórica de Viena quedó establecida: sería el bastión de una cultura superior, como era entonces la cultura latina. En medio de un territorio todavía por civilizar, en terreno de nadie, se colocaron las fundaciones

romanas sobre las que más tarde se elevaría la Hofburg, el palacio imperial de los Habsburgo. Y en una época en que en toda la región del Danubio las tribus germánicas y eslavas seguían pululando libremente, salvajes y nómadas, en nuestra Viena el sabio emperador Marco Aurelio escribía sus inmortales Pensamientos, una de las obras cumbre de la filosofía latina (Zweig, 1996: 94).

Otra es hacernos ante una o varias ciudades de nuestra preferencia, una pregunta similar a la que se hace W.G. Hoskins(1970: 272) sobre el plano de las ciudades: «¿Por qué ciertas ciudades inglesas se han formado siguiendo un plano ortogonal con calles rectas que se cruzan en ángulo recto como las ciudades del Medio-Oeste americano?» . Otra forma, opuesta, de abordarlas es fabulando, como hace Joseph Roth ante un Berlín (hacia 1924) que acaba de salir con piel nueva de la hiperinflación de posguerra:

> Esta ciudad está fuera de Alemania, fuera de Europa. Es capital de sí misma. No se nutre del campo. No recibe nada de la tierra sobre la que está construida, sino que la convierte en asfalto, tejas y muros. Sus casas dan sombra a la llanura, sus fábricas dan pan. Ella decide el idioma, las costumbres nacionales, los trajes regionales. Es la esencia de una ciudad. El campo le debe su existencia, y, como prueba de gratitud, se deja absorber por ella. Tiene su mundo animal propio en el jardín zoológico y en el acuario, en las jaulas de pájaros y monos, sus propias plantas en el jardín botánico, sus propios campos de arena en los que se ponen los cimientos y se levantan fábricas, tiene hasta su propio puerto, su río es un mar, ella un continente (2003: 118).

El mundo es caleidoscópico y más si nos interesamos por aquella parte de la humanidad que se repliega en las ciudades. Si para un desempeño particular resultase útil valerse de una categorización muy estricta, quizás uno se viera obligado a afinar más o incluso a crear una categoría de paisajes nueva. Por ejemplo, los resorts balnearios y hoteleros, las ciudades deportivas o las estaciones de esquí, ¿podrían formar la base de nuevas categorías de análisis arqueológico de la vida contemporánea? (En la vida antigua los dos primeros están particularmente bien documentados en sus conformaciones equivalentes). Siguiendo un razonamiento parecido, los grandes rascacielos dedicados a oficinas, agrupados en distritos como los *downtown* de los Estados Unidos, o en su particular versión parisina, formando barrios como La Défense (o como el que se está construyendo al norte de Chamartín en Madrid), conforman una subcategoría específica, que podemos imaginar muy útil para el análisis de la vida contemporánea en los grandes espacios urbanos (en especial de su arqueología material). La posibilidad de abrir el abanico queda abierta siempre, sobre todo si se trabaja con paisajes modernos más complejos.

Pero existe todavía otro tipo de complejidad. Si uno contempla la Ciudad Prohibida de Pekín, ¿en qué gran categoría de paisaje se puede colocar, en la que se refiere a los dispositivos de defensa o en la que incluye a las ciudades? O acaso el mensaje que tal ciudad envía al observador, al estudioso o al turista es de otro tipo, más sibilino, menos material, relacionado con los usos y los abusos del poder.

Resumiendo, en favor de una mayor focalización sobre los fundamentos materiales del progreso podemos considerar, de entrada, al menos siete grandes conjuntos de artefactos que actúan de marcadores y de eficaces transformadores del paisaje, hasta el punto de ser capaces de generar lo que he denominado paisajes marcadores básicos. Son los siguientes:

- Artefactos interfaces espirituales (templos, conjuntos monásticos, ermitas, stupas, cruces termenales, cementerios... por ejemplo Silos), dan lugar a los paisajes del espíritu.

- Artefactos de cierre y defensa (muros, cercas, murallas, fuertes, zanjas, trincheras... por ejemplo la Gran Muralla China, el Muro de Berlín, el Muro de Adriano) dan lugar a los paisajes barrera.

- Artefactos vinculados a la producción de base (un campo de trigo, un arrozal, una fábrica, una mina) dan lugar a los paisajes economos.

- Artefactos habitacionales y relacionales (casas individuales, pueblos, aldeas y ciudades...) dan lugar a los paisajes ciudadanos.

- Artefactos para el transporte, el traslado y la comunicación (puentes, caminos, vías férreas, autopistas, líneas de alta tensión...) dan lugar a los paisajes transitados.

- Artefactos destinados a la gestión de las aguas interiores (diques, canales, represas, embalses, acueductos, acequias...) dan lugar a los paisajes hidrológicos.

- Artefactos interfaces tierra-mar (muelles, faros, playas artificiales, puertos, canales, polders...) dan lugar a los paisajes de orilla.

El caso recién apuntado de la Ciudad Prohibida de Pekín pone en evidencia las limitaciones de tal esquema (por otra parte, reconocidas y aceptadas) aunque también su flexibilidad para adaptarse a la variabilidad del testimonio humano. Si este complejo pekinés se compara con la Villa Adriana de Tívoli, con el conjunto del Palacio y Jardines de Versalles, con el Palacio y Ciudad barrocos de Karlsruhe, con el extenso recinto del Castillo de Praga, catedral incluida (la espada y la cruz), y con el City Palace de la ciudad antigua de Jaipur, quizás lo que emerge es un nuevo tipo de paisaje estructurante que habla del poder y de su proyección o si se quiere, de la imagen del poder, con lo que podremos añadir un nuevo ítem a la lista de siete, una especie de paisaje solar (de sol como astro que simboliza el poder supremo).

Si de lo que se trata, en cambio, es de preguntarnos si existe algo así como un contra-paisaje, es decir una especie de paisaje que no se ha construido según las dinámicas históricas que asociamos a todos los demás —fundamentalmente, civilización, complejidad y desarrollo en compleja efervescencia en pos del más y mejor—, quizás estemos ante un genuino paisaje deconstruido, como los que acostumbramos a llamar naturales para simplificar (que no cabe confundir con los paisajes generados por los bosques industriales como el que se extiende por el suroeste de Francia en las Landas de Gascuña sobre un millón de hectáreas, creado a costa del paisaje agrícola tradicional a finales del XIX). Estos falsos paisajes naturales —parques, reservas cinegéticas y otros espacios designados o no designados, más o menos salvajes— son los paisajes que en vez de hacerse se deshacen, sea por abandono, que también es el caso, sea con el fin de recuperar así una visión del paisaje percibida como perdida o quizás un vislumbre anterior pretendidamente más conforme a la naturaleza primigenia. En otras palabras, muchos de los llamados paisajes naturales serían los paisajes deconstruidos por una acción humana voluntariosa que trata de recuperar una supuesta naturaleza auténtica desaparecida, pero también los paisajes decadentes resultantes de una omisión, de una falta de acción, o de un exceso de intervención anterior.

Estos dos subtipos conformarían dos nuevos tipos de paisajes marcadores: los paisajes-parque que seguiremos llamando paisajes naturales por costumbre, cuyos artefactos son fundamentalmente sus componentes minerales, vegetales y animales cuidadosamente manipulados para que parezca que no lo han sido en absoluto, caso de los llamados parques naturales; y los paisajes decadentes, aquellos que han sido librados a sí mismos, caso de una vertiente cultivada tradicionalmente y posteriormente abandonada, o un nuevo frente pionero en la selva virgen sometido a tala exhaustiva seguido de abandono; ambos a su vez naturalmente recolonizados por especies vegetales pioneras. También se podría considerar como una variante de los decadentes, los paisajes agotados resultado de años de una intervención agropastoril excesiva que ha llevado, por el camino de la erosión, a una desertización difícilmente reversible. Los jardines paisajísticos o botánicos de carácter público o privado serían una variante del paisaje natural a escala doméstica; por tanto hijos de un contexto predominantemente habitacional (urbano, periurbano e incluso rural), aunque su origen sea históricamente anterior a la aparición de los paisajes-parque.

1.3.2 Paisajes detrás del ojo ajeno

Como veremos, el arte y la literatura, como el cine, contemplan las cosas del paisaje de otro modo, de forma no tan lineal; a menudo de una forma más estimulante o incluso radical, de ahí su utilidad. Ya se ha mencionado al principio la eventualidad de una despreocupada mirada cinematográfica al asomarse a un paisaje, algo que está al alcance de casi todo el mundo, sin más. Para aquellas expresiones del espíritu, los criterios de lo objetivo son menos rígidos de lo que lo suelen ser para las mentes prácticas o científicas, algo que comparten seguramente con el excursionista ocasional, al menos en su probable estado de ánimo cuando pasea ociosamente. Una cosa parecida ocurre con los viajes sentimentales de autores como Claudio Magris. En una página de El Danubio (1998: 118) el triestino nos cuenta que el escritor austríaco del XIX Adalbert Stifter contemplaba todos los días desde las ventanas de su casa en Linz el gran río y, más allá, «el amado paisaje austríaco que le parecía que contenía siglos de historia convertidos en naturaleza, imperios y tradiciones absorbidos por la tierra como hojas y árboles pulverizados». Curiosamente en la cotidiana interpelación del escritor con su mundo, la tierra, lo perenne, puede con todo en una incesante deglución que reduce a la vieja civilización a motas de polvo que el viento lleva, y eso conlleva una doble sensación; de atemporalidad por un lado y de realización colectiva por otro, ambas apaciguadoras para el espectador. El paisaje de todos los días de Stifter, ni paisaje-parque ni paisaje decandente, es el gran envolvente que lo abarca todo contra el que los seres humanos individuales no pueden nada:

> Desprovisto de colores vivos y elementos llamativos, le enseñaba a respetar lo que existe, a fijarse con reverencia en los acontecimientos insignificantes en los cuales la vida manifiesta su esencia más que en las grandes convulsiones y en los fastuosos golpes de efecto; le indicaba la sumisión de las míseras ambiciones y pasiones personales a la gran ley objetiva de la naturaleza, de las generaciones, de la historia (Ibidem).

Paisajes pensados, paisajes sentidos, paisajes imaginados, la noción escapa al intento de aplicar una forma de taxonomía a algo tan rico. Cualquier paisaje es posible en la imaginación o en la sensibilidad individuales, nos previene Magris. Sin embargo podemos seguir postulando, porque existe un mundo objetivo, que tenemos derecho a clasificar el paisaje con criterios no solo literarios. Que de esta forma contribuimos a llamar la atención sobre el mismo, lo que es el punto de partida para una ulterior revalorización del paisaje que propicie reequilibrios territoriales o avances sociales, económicos y socioculturales. De hecho la noción de paisaje tal como la interpretamos habitualmente —lo que vemos por la ventana del coche— aparece históricamente muy tarde.

Ni Dante antes, ni Rabelais o Cervantes después disponen de un término tan sofisticado como paisaje. Tampoco Covarrubias se hace eco de algo parecido en su Tesoro de la lengua castellana o española. Al parecer la sociedad del Renacimiento es una sociedad todavía demasiado arraigada al terruño para disfrutar de la suficiente perspectiva o distancia que exige el invento de tamaño artefacto. A. Roger (1997: 20) juega con las palabras en busca de una explicación: «El único paisaje, reciente por otra parte, que el hombre occidental aprecia es un país colonizado, domesticado, un país apacible, un *pays sage*, en pocas palabras, un *paysage*». Ciertamente el desorden de la naturaleza da miedo. El descubrimiento y aprecio de las altas cordilleras y del mar se hacen esperar: nadie visita por gusto estos territorios perdidos. Durante el siglo XVIII y parte del XIX los intelectuales siguen mostrándose muy prudentes en el manejo del neologismo paisaje, ya que todavía no ha obtenido plena autonomía la categoría esteticista que, cada vez más, será asociada a la voz. Rousseau demuestra ser uno de los primeros que no contempla el paisaje únicamente como un recurso del que extraer cualquier cosa para apaciaguar el hambre o para satisfacer la codicia de los hombres; para el filósofo el paisaje, de hecho la naturaleza, es un territorio destinado al goce de los sentidos, un medio especialmente apto para el ejercicio de la contemplación pura. Rousseau (1782: 154) sobreponiéndose a un miedo ancestral, es capaz de encontrar aquella armonía en la naturaleza que el estudioso A. Roger distingue como el principal atributo del paisaje civilizado a ojos de la sociedad occidental tradicional:

> Los árboles, los arbustos, las plantas son el ornato de la tierra (...). Pero, vivificada por la naturaleza y adornada de un vestido de novia en medio del discurrir de las aguas

y del canto de los pájaros, la tierra ofrece al hombre, en la armonía de los tres reinos, un espectáculo lleno de vida, de interés y de gracia, el único espactáculo del mundo en que ojos y corazón nunca se agobian.

Lo pintoresco entra en las agendas burguesas con la Primera Revolución Industrial (véanse más adelante las palabras de Southey). Con estos mimbres y el paso por el Romanticismo, la noción puede desvincularse de antiguos anclajes y devenir casi en lo que es ahora, aunque las miradas son siempre tan personales... Martínez de Pisón (2009) evoca una naturaleza convertida, para los artistas y escritores del siglo XX, en la imagen opuesta de lo que representa la vida urbana, quizás en un símbolo. Refugio perseguido de muchos escritores de la Generación del 98, el paisaje es para Unamuno, fuente de «inquietantes pensamientos eternos». Josep Pla (1981: 17), el racionalista, pundonoso del *genius loci* de su tierra, coloca con certera puntería los adjetivos más convincentes cuando describe su vista preferida, naturalmente rural, eminentemente civilizada (atención, prefiere mirar de espaldas al mar, no cara al mar, como haría un turista hoy):

> Contemplándolo —se refiere al paisaje de los alrededores de Palafrugell desde el mirador de Sant Sebastiá— veo que el orden que ha creado el discurrir de las generaciones me da una idea de elegancia amplia y natural. Es el trozo de tierra que me gusta más que cualquier otro que haya nunca contemplado. Es un paraje de cultivos, de viñas, de olivares, que no tendría nada del otro mundo, si, por encima, no lo atravesasen las curvas más dulces, más delicadas, más vivas, más

sensibles, que puedan soñarse. La gente hace la vendimia y las viñas se van secando y dorando al sol. Les primeras lluvias han pulimentado el verde de la alfalfa y de la esparceta. Los labrantíos muestran colores primitivos y brutales. Los pájaros vuelan juntos sobre las higueras exhaustas. El tono general es de arcilla, pero poned encima los rescoldos y las brasas de los sarmientos, los mil colores del verde manzana de los campos, las claridades antiguas y suaves del olivo. Es una tapicería terrenal, clara y serena, enmarcada por pinos de una rusticidad policromada ideal.

Como fenómeno significativo de nuestra contemporaneidad, el amor por la naturaleza y los paisajes adquiere los tintes del presente, inicialmente como una reacción de las sociedades avanzadas a una transformación rápida y masiva del entorno por el avance de la urbanización y la industria. Stifter debía ser consciente de ello desde su Austria natal, como Unamuno seguramente lo era desde Salamanca, aunque eran hombres cultos e imaginativos y su mundo era la literatura. Pla miraba el campo desde un campo todavía a salvo, por tanto sin verdadera nostalgia.

El discurso del paisaje como bien público que hay que proteger se lo debemos definitivamente al impulso llamado genéricamente conservacionismo, que era elitista en su origen decimonónico (artistas y aristócratas) y que fue democratizándose en sus fases finales de desarrollo, localizándose su concreción más acabada en Europa y en concreto en el Reino Unido; por más que el primer parque nacional, sublimación del paisaje natural, fuera creado en 1872 en los Estados Unidos (Yellowstone) en un contexto diferente (influencia del trascendentalismo de Emerson y Thoreau: la naturaleza es vista como el envés necesario de la civilización, donde las monumentales Rocosas equivalen a los monumentos góticos europeos). Una de las grandes voces literarias del archipiélago británico describía en los años treinta, lo que sería entendido por sus lectores, que aspiraban a una «vuelta a la naturaleza en su pureza» y miraban por la ventana de sus casas con otro espíritu que el de Stifter, como la descripción exacta de un verdadero paisaje natural original:

> Era una región silenciosa, desolada, muy vasta e intocada por la mano del hombre... Sobre los roquedos había un silencio que pertenecía a otra edad, a una época pasada, desaparecida como si nunca hubiera existido antes, una edad en la que el hombre no tenía lugar o en la que solo pies paganos hollaran las colinas. Había en el aire una calma, una paz tan antigua y tan rara que no podía ser la paz de Dios (Daphne du Maurier, 1941: 48).

Eran días para un inocente y nostálgico viaje al pasado del mapa, sin exceso de apegos culturales pero con abundantes ecos de un renovado romanticismo burgués. Sin embargo, los dias del Imperio e incluso de la industria fueron quedando atrás en Inglaterra. El declive industrial llegó a otras naciones en la segunda mitad del siglo XX, generándose en las viejas sociedades avanzadas un tipo nuevo de paisaje posindustrial ubicuo, difuso y complejo, dominado por la urbanización, que incluyó como componente esencial jirones del nuevo paisaje llamado natural, aunque también fragmentos del otro, su casi trasunto, el paisaje decadente. Opinión pública, asociacionismo civil y parlamentos hicieron avanzar la causa del paisaje, vinculada ahora a una creciente preocupación medioambiental, hasta convertirla en una exigencia colectiva: «La demanda de paisaje, que se confunde a menudo con una exigencia de ambiente seguro, sano y confortable, hoy ha desbordado ampliamente el marco de los espacios protegidos por la ley"» (Donadieu, 1994: 56). El escenario estaba preparado para una nueva pulsión patrimonializadora a caballo de los siglos xx y xxi.

En nuestros días el territorio ha encogido y todo el mundo puede desplazarse lejos con cierta facilidad. El campo, eficaz conservador de paisajes hasta hoy, quiere sobrevivir y no le faltan argumentos, y la ciudad (¿dónde empieza y dónde termina esta?) rebosa de gente. Tokio, la urbe que idealiza el monte Fuji, es quizás la imagen más acabada de la megaciudad sin límites. En este estadio es legítimo preguntarnos cuándo y de qué manera la sociedad de China, el nuevo taller del mundo, iniciará, a imagen de la vieja Europa o del Japón, este viraje posindustrial y neopatrimonializador, tan prendado de los paisajes naturales, tal como lo hizo Inglaterra al alba del siglo xx.

1.4 Transformación, decadencia y reivindicación de los paisajes

Los paisajes economos, los paisajes ciudadanos o los paisajes transitados están envueltos en jirones de otros tipos de paisajes que los envuelven. Paisajes cualesquiera, espacios urbanizados y edificios forman entonces bajo la mirada humana (la mirada de Stifter), una unidad que les confiere sentido. En este estado de cosas no es difícil reconocer, en lo que abarca la mirada, una construcción compleja que se va realizando con el tiempo gracias a la acción diaria indiscernible, quizás involuntaria, de muchos seres humanos y al trabajo cotidiano de otros tantos, siendo ambos agentes los principales responsables de la transformación permanente del territorio. No olvidemos que el paso de visitantes y turistas contribuye de manera notable a modificar los paisajes que frecuentan a base de empujar cambios de usos de la tierra, la construcción de equipamientos e infraestructuras y la movilidad de los locales, entre otros fenómenos de amplia enjundia. Ello conduce inexorablemente al nacimiento de unos nuevos paisajes que legítimamente podríamos calificar de paisajes turísticos. ¿Cómo calificar sino la llamada Riviera Maya en el estado de Quintana Roo, México, donde la reserva natural de Sian Kaan al sur coteja con las ruinas de Tulum seguido del núcleo de Akumal y el complejo privado de Xcaret hasta la línea edificada casi ininterrumpida que va de la aglomeración de Playa del Carmen hasta Cancún? Pero los paisajes construidos a golpe de progreso también son frágiles y las regresiones no son una excepción.

Cuando un paisaje se abandona o se deja de utilizar activamente entra en decadencia, se deshumaniza, las referencias cronológicas se desdibujan y se vuelve salvaje. En él la naturaleza regresa por sus bríos de forma implacable volviendo con el tiempo a un estado próximo al estado natural original. La vuelta al punto de partida en el terreno humano individual puede ser una aspiración compartida a menudo en muchos avatares de la vida. Sin embargo, no ocurre lo mismo con los conglomerados sociales. Hay una imagen cinematográfica que ilustra muy bien el horror que inspira la decadencia de una civilización: Charlton Heston regresando a casa al final de la película *El planeta de los simios* (1968), se encuentra con un panorama más aterrador que el que acaba de abandonar; su ciudad ha sido engullida como su país por las fuerzas de la naturaleza. Un extremo de la Estatua de la Libertad semienterrada es lo único que le devuelve el recuerdo de una floreciente civilización irremediablemente perdida.

La vuelta al estado natural se produce de golpe, casi violentamente en la película; en la realidad las regresiones vienen precedidas de largas etapas previas de lenta y progresiva degradación de los paisajes, de trastocación tenaz y continuada del orden existente, todo ello conformando la secuencia opuesta a lo que humanamente es más deseable: el avance del progreso, la vigencia del orden establecido, una cadencia razonable en la sucesión de los hechos, el gusto por la simetría y una inclinación innata por el equilibrio. La naturaleza desencadenada es la peor de las pesadillas que pueden atenazar al ser humano civilizado. Es las antípodas de la imagen luminosa, feliz, próspera y civilizada representada por otra secuencia de cine: el del coro de los hermanos Trapp que acompaña cantando por el campo a Julie Andrews, la institutriz de *Sonrisas y lágrimas* (1965), sobre fondo de prados rientes, torrentes refrescantes y caseríos acogedores posados delicadamente sobre laderas verdeantes moteadas de bosquecillos plagados de ruiseñores. Ciertamente los Trapp no solo han plantado su jardín privado en medio de la naturaleza salvaje, delimitando así un espacio paradisíaco (su Edén particular con la casa en medio), sino que todo el país que les rodea se ha vuelto tan agradable y civilizado como un jardín.

La decadencia, siendo un estado lleno de connotaciones negativas —también le podríamos llamar regeneración, noción más positiva, según como modulásemos el discurso en respuesta al análisis de la realidad— se ha convertido en el sino de extensas regiones agrarias del interior de muchos países, principalmente en Europa, pero también de grandes regiones industriales de aquí y de allá, que han perdido vigor o se han visto abandonadas por sus inquilinos durante recientes (y no tan recientes) episodios de deslocalización alentados por los nuevos vientos de la globalización.

El fenómeno de la desertización de territorios más o menos pujantes en otro tiempo, reproduce hasta cierto punto situaciones históricas bien conocidas, como la que data del Renacimiento cuando instituciones dinámicas y potentes como monasterios y abadías, que controlaban comarcas enteras, fueron desertadas a la fuerza por el poder real, como sucedió en la Inglaterra reformada. Al contrario que en Francia, España o Italia, en Inglaterra no quedan monasterios del Medievo en pie. Solo podemos visitar ruinas, musgo y prados. Algo parecido aunque peor había ocurrido en épocas anteriores; por ejemplo, en tiempos de la Peste Negra, cuando los microbios vaciaron regiones enteras de Europa occidental en un desempeño apocalípticamente tenaz, como si de un holocausto de inspiración divina se tratara o de una suerte de venganza natural. W.G. Hoskins (1970: 118) señala que en los años que siguieron al desembarco de la Peste, fueron abandonados en Inglaterra más de 1300 pueblos (pronto los campos que los rodeaban debieron ser invadidos por hierbas, arbustos, especies arbóreas invasoras y todo tipo de animales, y los caminos se perdieron). Seguramente fue el enfriamiento global iniciado con el nuevo milenio lo que llevó a los vikingos a abandonar por siempre Terranova. Lo poco que dejaron detrás pronto se lo comió una naturaleza menos acogedora que antes, lo que explica que hasta muy recientemente la arqueología no haya podido probar con testimonios materiales la presencia de los vikingos al otro lado del Atlántico.

Cuando los signos del abandono aparecen por doquier, el lenguaje, aparte de las ruinas, se encarga de dar la alerta: las Batuecas, esa remota comarca salmantina poco poblada, devino un cierto día sinónimo de alejamiento y confinamiento. Sin embargo, quizás no hay forma mejor para evocar la decadencia de un paisaje que recurrir a los textos literarios y en concreto a uno de ellos, la obra del escritor alemán, desaparecido en 2001, W.G. Sebald. En *Los anillos de Saturno*, una especie de historia de la naturaleza y del ser humano dentro de ella, las referencias a un mundo que periclita son ubicuas: en concreto el de cierta Inglaterra de nuestro tiempo, los restos de cuyo pasado imperial (e industrial) se derrumban y se pudren a la vista de todos (aún a pesar de la inmensa vocación conservacionista del país). Por ejemplo, en este pasaje con vocación de guía itineraria:

> A través de Brundall, Brundall Gardens, Buckenham y Cantley, el trayecto sigue el recorrido del río Yare hasta que en Reedham cruza la corriente y describiendo un amplio arco, se introduce en la llanura que en dirección sureste se extiende hasta la orilla del mar. Aquí no se ven más que, de vez en cuando, la casa solitaria de un guarda de río, hierba y cañaverales cimbreantes, un par de mimbreras caídas y pirámides de ladrillos desmoronándose, semejantes a monumentos de una civilización desaparecida, restos de innumerables bombas de agua y molinos de viento, cuyas velas blancas giraron sobre los campos de regadío de Halvergarte y por

doquier detrás de la costa, hasta que, en los decenios posteriores a la Gran Guerra, fueron inmovilizadas una tras otra. Ya casi no somos capaces de imaginarnos, me decía uno cuya niñez se remontaba a la época de los molinos de viento, que hubo un tiempo en que cada molino era al paisaje lo que el brillo en un ojo pintado. Cuando este brillo palidecía, palidecían con él todas las inmediaciones. A veces cuando miro al horizonte, creo que ya está todo muerto (2008: 39-40).

Más adelante, el deambular por un paisaje rural que una vez fue vivo, deja paso al lamento ante un decadente paisaje industrial urbano; como cuando escribe:

(...) se cerraron astilleros y fábricas, uno tras otro, hasta que en favor de Lowestoft solo hablaba el hecho de que en el mapa marcaba el punto más oriental de la islas Británicas. Hoy día, en algunas calles de la ciudad, casi una de cada dos casas está a la venta, empresarios, gente de negocios y particulares se sumen cada vez más en sus deudas, todas las semanas se ahorca un trabajador o un insolvente, el analfabetismo ha alcanzado ya a un cuarto de la población y de ningún modo se concibe un final de la depauperación (...) una cosa es leer informes en los periódicos sobre los llamados unemployment blackspots y otra muy distinta caminar una tarde sin luz por entre las filas de casas adosadas, con sus fachadas estropeadas y sus grotescos jardincillos delanteros, y cuando por fin se llega al centro no hay más que salas de juego, salones de bingo, betting shops, tiendas de vídeo y pubs desde cuyas oscuras entradas huele a cerveza agria, supermercados baratos y dudosos establecimientos de Bed and Breakfast con nombres como Ocean Dawn, Beachcomber, Balmoral, Albion o

Layla Lorraine. Era difícil imaginarse cómo veraneantes y viajantes de comercio solitarios habían querido alojarse allí... (2008: 53).

Hace solo unas décadas Josep Pla se quejaba del terrible expolio sufrido por el campo español durante la segunda mitad del siglo XX. Atroz como en ningún otro sitio de Europa. Para él el origen del problema era sin duda la miseria, la prueba era que los ricos propietarios absentistas, refugiados en las ciudades, nunca renegaron del pasado ni lo pusieron en almoneda, al contrario que los pobres:

> En los últimos decenios los campesinos han vendido toneladas y toneladas de vestigios de la tradición (se refiere aquí en concreto a bienes culturales, N. Del A.). Otros se han llevado la tradición a brazos llenos, a carros, a camiones. Aquellos lo han hecho con una naturalidad perfecta, convencidos de que todo lo que es viejo es horrible y todo lo que es moderno, magnífico (1981: 110).

Cuando un territorio decae hay normalmente otro presto a substituirlo que atrae la atención de la gente y donde se conjuga un nuevo paradigma desarrollista. Una nueva costa reluciente frente a un viejo valle minero; un nuevo nodo de comunicaciones frente a una ciudad de provincias en retirada. En la Francia interior y agrícola, el campo se vacía lenta pero inexorablemente. Cada año se cierran decenas de escuelas rurales, más consultas médicas pierden a su titular y más líneas de autobuses dejan de dar servicio a los pueblos más enclavados. Las parejas jóvenes, que todavía tienen hijos en una Europa que apuesta cada vez más por la no descendencia, se desplazan a los *banlieus* de las grandes ciudades en busca de las oportunidades que no les da el campo, igual como hicieron sus padres o abuelos; sin embargo para una mayoría de franceses (lo dicen las estudios de opinión), el campo, ese campo que en su aparente inmovilidad sigue transformándose de raíz, sigue siendo una deseable alternativa al modo de vida urbano que, por otro lado, triunfa en casi todo el mundo y particularmente en el Oriente asiático en desarrollo, el nuevo terreno de juego preferido de las megalópolis emergentes. Ante un mapa tan abarrotado, tan urbano, ¿vamos en busca desesperada de un silencio de antaño? ¿Cómo es que tantos excursionistas de mochila y bastón se maravillen de que en medio del paisaje se pueda escuchar el silencio? ¿No serà el campo el refugio de los nuevos europeos sensibles a la conquista de las últimas islas del sosiego? ¿No serán los lugares patrimoniales, paisaje dentro del paisaje, otras tantas islas de este archipiélago con visos de balneario?

Pero, atención, el vaciado del campo está teniendo hoy un gran impacto que afecta a las dinámicas de los sectores y subsectores de la economía, a la organización del trabajo, al reparto de roles en el ámbito doméstico, a la planificación del territorio y a muchos otros ámbitos cruciales de la vida. Las transformaciones que se operan como en silencio, como si ocurrieran solo por la noche, son de un enorme calado, comparables a las que se operan en el medio urbano, siempre más aparentes y mucho más ruidosas. En unas pocas décadas es posible que ya ni reconozcamos el campo que hoy todavía contemplamos con nostalgica resignación.

Foto 6. Recuperación de setos en el pueblo de Saint Just, Alta Borgoña. Los franceses todavía sueñan con su pasado de campesinos. Es una forma de responder a los embites del presente globalizado. El campo, ese gran silencioso, sigue dominando el paisaje en la Francia interior como sucede con Castilla en España. Aunque hoy se haya convertido en el terreno de juego de los nuevos productores bio y de algunos de los militantes más activos antiOGM, tiene el futuro en entredicho. Las sucesivas crisis de la leche, la rarefacción de las abejas o el abandono del bosque de propiedad privada nos lo recuerdan a menudo. La recuperación de setos se asocia en este caso a una tentativa de crear pasillos biológicos y favorecer la biodiversidad. No todo está perdido; el turismo interior tiene aquí una buena acogida. Foto del autor.

Pero es en el Reino Unido, un ejemplo mundial de conservacionismo paisajista, donde las mutaciones del paisaje en un sentido u otro han ido más lejos, no ya en los últimos sesenta años, sino en los dos últimos siglos. El país más genuinamente posindustrial del planeta se caracteriza por una alta concentración urbana de la población, un control estricto de los procesos de urbanización y una voluntad compartida más que centenaria entre estructuras del Estado y opinión pública, en favor de la conservación del paisaje. De distintos tipos de paisaje, aunque con ventaja de los llamados paisajes naturales. Es como si desde decenios atrás las gentes, sobre todo las clases medias, hubieran acordado poner algo de su parte, una generación tras otra, para salvar retazos de aquellas visiones idealizadas del paisaje que permanecen en la retina, si no en la memoria de los vivos, a pesar del paso de los años, como medida de necesaria regeneración espiritual. W.G. Hoskins (1970: 298), generacionalmente un hombre de la primera mitad del siglo XX, participaba de las mismas impresiones que sus contemporáneos cuando se manifestaba así: «Desde entonces (las últimas décadas del XIX, N. Del A.) y especialmente desde el año 1914, cada cambio habido en el paisaje inglés ha servido para afearlo o para destruir su significado, o para ambas cosas a la vez». Lo mismo que el literato D.H. Lawrence, cuando en 1928 escribía: «Qué hermosa es la campiña inglesa; en cambio qué repugnante resulta la Inglaterra edificada por los hombres» (véase K. Thomas, 1984: 250). Una inquietud esta (sobre todo la de recuperar unos paisajes valiosos en vías de desaparición, pero no por lo que producían) que, en el orto del viejo Imperio, era tan antigua ya como las pelucas empolvadas de jueces y magistrados. Porque tan pronto como 1807 un tal Southey, escribía:

> Durante los últimos treinta años nos ha invadido un gusto por lo pintoresco. En verano, mientras una de las greys a la moda emigra hacia la costa, otra vuela en dirección a los montes del País de Gales, o a los lagos de las provincias del Norte, incluso hasta Escocia; algunos son adeptos a la mineralogía, otros a la botánica y otros más a disfrutar de las vistas (...) todos fieles a lo pintoresco, la nueva ciencia que ha creado su propio lenguaje y para la cual los ingleses han descubierto un nuevo interés que por supuesto no poseían sus padres (citado por K. Thomas, 1984: 267).

El resultado después de más de doscientos años de concienciación popular acompañada de intervencionismo medioambiental y patrimonializador, es un territorio cuidado en extremo en el que un porcentaje muy elevado de las tierras, incluyendo todo tipo de paisajes, habitados o no (costas, landas, tierras agrícolas, bosques, cumbres, aguas interiores y marismas), se sujeta a algún tipo de protección en aras a evitar su corrupción o degradación. Ningún otro país del mundo presenta tantas figuras de protección del paisaje; ningún otro país parece tan propenso a la nostalgia; ninguno parece que aprecia más lo que seguimos llamando los paisajes naturales (aunque fundamentalmente culturales), ni se deleita tanto con los bienes llamados patrimoniales.

Por encima de cualquier otro tipo de figura en las Islas se imponen los Parques Nacionales, todos de gestión pública, con un aprovechamiento turístico que se compagina perfectamente con las actividades agrícolas y ganaderas tradicionales residuales sustentadas por la propiedad o la empresa privadas; los Cairngorms, Loch Lomond & The Trossachs, Northumberland, Lake District, Yorkshire Dales, North York Moors, Peak District, Snowdonia, Pembrokeshire Coast, Brecon Beacons, South Downs, New Forest, Exmoor, Dartmoor y Norfolk and Suffolk Broads. A continuación se sitúan las llamadas Reservas Naturales protegidas bajo una diversidad de apelaciones en función del tamaño o los objetivos conservacionistas perseguidos: Sites of Special Scientific Interest, Environmentally Sensitive Areas, National Nature Reserves, Areas of Outstanding Natural Beauty, así como ciertas áreas especiales de costa, las Heritage Coast o el cinturón verde alrededor de Londres, el Green Belt. La Isla de Man con sus 90.000 habitantes es, entera, Reserva de la Biosfera desde 2016. Existen a un nivel más restringido, en cuanto a espacio, un gran número de reservas ornitológicas, las llamadas Sanctuary administradas por entidades privadas, así como asociaciones que protegen las zonas húmedas como el Wildfowl and Wetlands Trust.

En el ámbito del conservacionismo asociativo, punta de lanza de este tipo de desarrollos, en Inglaterra destaca el National Trust. En 1895 tres filántropos, dos hombres y una mujer, decidieron crear la entidad para luchar contra el impacto descontrolado del desarrollismo fruto de la industrialización. Su extravagante fórmula basada en la compra de tierras y propiedades, para salvaguardarlas de cara al futuro, ha atravesado los siglos de la forma más exitosa. Hoy el Trust, fortalecido por sus 3,5 millones de socios, se ocupa y pone a disposición de los visitantes de todo el mundo, 250.000 hectáreas de paisaje británico tradicional (incluyendo, aparte de Inglaterra, el País de Gales e Irlanda del Norte), 1.141 kilómetros de costa y más de 350 muestras de la arquitectura o los jardines del país. Sus estatutos indican que el objetivo del Trust es: «La conservación permanente y para siempre de sitios históricos de interés y de lugares naturalmente bellos en provecho de toda la nación».

De un genuino país jardín donde predomina el autoconsumo de paisajes, podemos saltar a otros países europeos donde también se han producido desarrollos interesantes, sobre todo en relación a la manera en que son aprehendidos los paisajes por sus naturales. Por ejemplo, países pequeños, ricos, conservadores y muy cohesionados como Suiza o Austria han hecho del paisaje una bandera con la que envolverse ante el mundo. Es su particular carta de presentación que muestran con orgullo infinito. Los valles alpinos y montañas emblemáticas como el Cervino, constituyen desde hace decenios el icono a asociar a los productos suizos como imagen de marca. En Austria las imágenes que retransmite la televisión del país con motivo del celebrado concierto de Año Nuevo, están saturadas de la belleza de los paisajes del Danubio. Incluso otro tipo de país como Francia aprovecha un acontecimiento anual como es el Tour para enviar imágenes al mundo sobre la belleza de su campiña. Fuera de Europa, Australia, país-continente semivacío, por lo tanto lleno de naturaleza, fía en los paisajes buena parte de su imagen global.

2.
EL PAISAJE RECUPERADO: LAS BASES DE LA GESTIÓN DEL PATRIMONIO

«Muchas de las zonas de América que hoy son bosques tropicales son realmente jardines abandonados» declaraba el arqueólogo norteamericano C. Fisher tras el reciente descubrimiento de una ciudad purépecha olvidada en el interior de la selva del estado de Michoacán (véase *El País Digital* de 16 de febrero de 2018). Efectivamente, si dejamos vía libre a la selva del Petén, en el interior de la península de Yucatán, el patrimonio maya que oculta acabará un día engullido por las fuerzas de la naturaleza como ocurrió con aquel otro del pueblo purépecha. El gran bosque lluvioso ha servido durante siglos para preservar de la inquina de los hombres un patrimonio ahora en vías de recuperación; sin embargo, la selva es poderosa aunque menos destructiva que los hombres y, a menos que la talemos completamente, va a continuar por los siglos venideros su discreta y paciente labor de erosión de la obra humana que todavía se conserva en su interior.

El Petén y sus tesoros conforman un mundo a su medida, a medio camino entre los paisajes que acostumbramos a llamar naturales sin serlo y los paisajes profundamente transformados por la acción humana continuada a lo largo de los siglos, como un paisaje cualquiera del Rhin medio, la postal del terruño alemán, pongamos por caso, entre Maguncia y Frankfurt, o cualquier esquina de la *banlieu* de París. En el interior del Petén como en el interior de la selva que bordea Angkor Wat, hay vida y actividad humanas (en Angkor en los últimos quince años, los años del Angkor asequible al turista medio, se han instalado unos 100.000 camboyanos en el interior del perímetro protegido) por eso también allí sigue transformándose el paisaje.

Los descendientes de los mayas, para hablar de uno de los pueblos familiarizados con la selva, comparten un territorio (el Petén, como región a caballo de Guatemala y México, más allá del departamento administrativo guatemalteco del mismo nombre) desprovisto de petróleo o de diamantes, y del cual es muy costoso extraer unas cosechas dignas, con esforzados mexicanos procedentes de un lado del Usumacinta y con guatemaltecos del otro lado del río, así como con otros extranjeros venidos de más lejos. También a ratos lo comparten con los viajeros, los visitantes o los turistas, tres especies parecidas aunque no idénticas de merodeadores. Las riquezas monumentales del Petén han llamado la atención de propios y extraños (se acaba de localizar mediante procedimientos no intrusivos lo que los medios han llamado una nueva *megaciudad* maya enterrada en la selva). Para muchos, tales riquezas tienen un valor de peso que desborda más allá del territorio local, como sucede con Angkor, lo que ha estimulado la llegada de turistas de todo el mundo que acuden al país mesoamericano para disfrutar de este tipo de atractivos en sazón que, como los diamantes en bruto, necesitan ser pulidos por manos expertas (aquí los restos arqueológicos no son tan vistosos como en Egipto o en el sudeste de Asia). Unas manos expertas que, juntamente con los locales y los visitantes, buscan con su dedicación y esfuerzo añadir más valor al valor en bruto que encierran aquellos bienes.

El valor atribuido a los bienes culturales de ascendencia maya no es del género abstracto: es real, específico y distinto según sea quien los contempla. Para unos su valor consiste fundamentalmente en su capacidad (casi milagrosa) para generar valor económico en torno suyo (se incluyen aquí los derechos de entrada a los sitios, el gasto del visitante en restaurantes, hoteles, comercios del entorno, el alquiler de guías, los transportes utilizados, etc.); es lo que se ha calificado como valor de uso. Para otros, los bienes del patrimonio constituyen en sí mismos una fuente de valor excepcional asentada en las características especiales que atesoran estos bienes singulares, fundamentalmente su antigüedad y rareza, tan difíciles de observar en otro tipo de bienes, en lo que ha sido definido como valor simbólico del patrimonio, una noción compleja que incluye y reelabora, con la ayuda de las audiencias, abstracciones del tipo *sentido de la historia* y *capacidad de identificación* (como si tales bienes actuaran de mediadores con el pasado que *re*presentan, es decir, que ponen ante los ojos de uno algo tangible que ha atravesado los siglos). Para unos terceros, los bienes del patrimonio histórico material o del patrimonio artístico y cultural, pues las denominaciones varían, aportan belleza al mundo, lo que ya sería motivo suficiente para justificar su conservación y puesta en valor. Finalmente para los economistas, los bienes del patrimonio esgrimen un valor de substitución; es decir una valoración traducible en términos de capital, que correspondería a lo que usuarios y no usuarios del patrimonio estarían dispuestos a pagar para mantener vivas las posibilidades de uso, aprovechamiento y disfrute del bien en su confrontación con opciones alternativas, como construir en el lugar de este patrimonio viviendas, escuelas, un parque urbano o explotar una cantera de áridos, por ejemplo.

Ciertamente los bienes del patrimonio protegidos se presentan jerarquizados. En la cúpula están aquellos a los que se les ha concedido por parte de instancias expertas como la UNESCO la categoría de bienes universales. La institución garante nos asegura que tales bienes *patrimonio de la humanidad* presentan un nivel artístico (el atractivo de lo bello y lo perfectamente acometido), técnico (conservación y protección capaces y eficaces) y gerencial (administración sólida y competente) de excelencia y que poseen un alto valor simbólico, no solo para las comunidades usufructuarias de los bienes sino para mucha más gente, al menos potencialmente. En otro renglón y en sucesivos aparecen los bienes protegidos por los países, por las regiones y por los municipios. La repercusión en términos de interés general y de visitas turísticas en relación a los bienes clasificados depende en parte del renglón en el que se sitúan; no obstante hay muchos más factores que intervienen en la frecuentación turística de los sitios. La gestión profesional es uno de ellos, la publicidad otro. La *gestión del patrimonio* realizada localmente y entendida en un sentido integral y no restrictivo, es crucial para su supervivencia y proyección.

Foto 7. Ciudad maya de Calakmul en el Petén mexicano, estado de Campeche, México. Ejemplo de integración patrimonial reconocida por la propia declaración de la misma como Patrimonio de la Humanidad al considerarse al mismo tiempo como patrimonio natural y como patrimonio cultural. Este es un destino extraordinario, como otros de la región, donde opera la simbiosis entre el paraíso blanco de las piedras cultas trabajadas con gran esfuerzo y el infierno verde que las rodea, que llena todo el horizonte de especies vivas vegetales y animales que se desarrollan sin cortapisas y tienden a invadirlo todo. Fuente: Wikimedia Commons (CC by-sa 4.0, Roman Israel).

Desde este punto de vista se impone en nuestros tiempos una gestión integradora del paisaje con sus monumentos que no oponga a los que viven del paisaje con los que lo pintan o con los que lo visitan. Lo que implica hacer converger y poner de acuerdo a todos los interesados, a todos los atribuidores de valor, desde los arqueólogos a los taxistas, desde las autoridades locales a los campesinos del lugar; comprender todos que el paisaje que uno pisa, o del que habla tanto, es el soporte perfectamente integrado de toda localización patrimonial posible; reconocer sin tapujos que hay que sacar el mejor partido posible del bien o recurso a base de conferirle más valor en beneficio de todos y del propio bien; en fin, saber priorizar las soluciones locales y los desempeños sostenibles.

Son las funciones básicas de lo que llamamos *gestión del patrimonio*. Las patas sobre las que se sostiene son tres: los locales, los visitantes y los expertos, y el aceite que engrasa el invento para que funcione correctamente es la financiación, sea pública o privada. Evidentemente desde el fondo o quizás envolviendo a los principales protagonistas actúan las administraciones públicas que proporcionan el marco legal necesario a las intervenciones y envían a expertos e incluso dinero. La gestión del patrimonio no tiene otro secreto, aunque exige comprender que es clave para su éxito la actuación coordinada y corresponsable de los interesados, cuya labor colaborativa ha de basarse en un consenso apriorístico: el objetivo es, en cualquier caso, la presevación del recurso para que la próxima generación pueda seguir presentando el patrimonio como la actual y mejorar si cabe las prestaciones ofrecidas de ocio, de conocimiento y de educación a públicos cada vez más diversos. «Algún día nosotros también vamos a ser ancestros. Lo que es importante. Y queremos que la gente diga en el futuro: nuestros ancestros pensaron en nosotros hasta el punto que supieron mantener esta tierra intacta». Es la forma de resumirlo de un gestor local (Bill Weah-kee de Five Sandoval Indian Pueblos Inc., Nuevo México, en comunicación personal) de etnia Pueblo en vez de Maya.

2.1 La sociedad participativa

Cualquier proyecto de puesta en valor del patrimonio debe contar necesariamente con la participación de las comunidades y los individuos implicados. Nunca se trata de proyectos puramente científicos; por encima de todo, los proyectos fundamentados en este tipo de recurso son siempre un asunto de democracia o incluso en ocasiones, de justicia social. La gestión del patrimonio requiere por tanto de la participación de todos, porque es todo el territorio el que se ve envuelto. No en vano toca además al imaginario de las gentes, a su devenir cotidiano, a su realidad presente, a los proyectos de futuro de toda comunidad que se reconozca como tal y a otras muchas cosas más. Su complejidad práctica y su dimensión comunitaria exige normalmente la imbricación entre las estructuras superiores a nivel gestor del Estado, la región, la provincia y el municipio, más la implicación de las instituciones y agencias, a menudo de carácter técnico, vinculadas a aquellas, con las entidades, grupos y asociaciones locales así como con personalidades individuales y con tantos y tantos voluntarios. Esta colaboración necesaria entre el que lo vive y el que lo revive, produce no solo justicia y democracia sino que además da lugar a sinergias interesantes que facilitan la realización de los proyectos. Es lo que llamamos *sociedad participativa*. Muy a menudo solo si se produce naturalmente una sabia que recorre de abajo arriba el edificio participativo, emerge de un proyecto la fuerza, el convencimiento y las dinámicas necesarias para dar consistencia y verosimilitud al discurso patrimonial pretendido. Los nuevos métodos e instrumentos de gestión, la puesta a punto de las normativas y su adaptación a las convenciones internacionales, así como las nuevas tecnologías contribuyen de manera sensible a que esta sociedad participativa emerja sin fórceps y pueda establecerse sobre bases reales y acabe funcionando.

No vamos a comentar ahora casos más o menos cercanos a lo que se está propugnando aquí —en resumen, la integración de paisajes y de comunidades— puesto que un estudio convencional de casos requeriría de uno o más capítulos necesariamente extensos y otro enfoque de este apartado. Estos casos existen en diversos países y lógicamente implican, en cantidades variables y asumiendo compromisos diferentes, a personalidades individuales, administraciones, universidades, comunidades y asociaciones. Es difícil y comprometido citar ejemplos al respecto a modo de referencias, pero diría que entre muchos otros es recomendable conocer el proyecto de arqueología experimental de Guédélon en Borgoña, la forma en que un municipio enfoca su proyección turística tras ganar el concurso en 2016 de «Pueblo preferido de los franceses», caso de Rochefort-en-Terre en Bretaña, o la recepción actual de una intervención ya veterana, caso de la del artista canario César

Manrique en Lanzarote conocida como los Jameos del Agua. Como ejemplo de museo local implicado con la comunidad se podría citar el Museo de Morat, cantón suizo de Fribourg, instalado en un viejo molino del pueblo; mientras que la Casa Museo de Gustave Courbet en Ornans (Franco Condado), integra ejemplarmente edificio, pueblo, obra y paisaje. Detrás de la marca Museos de Legazpi-Valle del Hierro en Guipúzcoa se configura un destino turístico-cultural muy completo con capacidad de atraer públicos diversos, como también lo es el colosal Parque Arqueológico de Xanten en Renania del Norte sobre la fronteriza Colonia Ulpia Trajana. El conjunto formado por el Walnut Canyon National Monument y el Wupatki National Monument, dos sitios arqueológicos separados cercanos a Flagstaff, Arizona, administrado por el National Park Service, rinden ambos un gran servicio si se trata de interesarse por la vida en el pasado de una comunidad indígena en un entorno aislado y desértico (con lo que saludamos el trabajo del National Park Service, siempre encomiable). En fin, hay tantos y tantos casos que merecen una visita...

Así que en vez de desarrollar casos concretos de estudio, vamos a ceder espacio a la figura del gestor en tanto que agente posibilitador. El gestor, en un sentido abstracto, deberá tener en su mano herramientas y recursos adecuados a las exigencias de su trabajo y se valdrá de estrategias manageriales para convencer y vencer. El suyo es un trabajo de profesionales con una ética profesional detrás, rigurosa y exigente, y como tal habrá sido formado en universidades y escuelas a tal fin. Actualmente la formación de los gestores ha progresado considerablemente con lo que ya no podemos fundarlo todo en el voluntarismo y el genio innato. Vamos pues a pasar a lo concreto, a cómo el gestor contribuye a hacer atractivo un paisaje devolviéndole el sentido, mientras atribuye visibilidad y valor a los bienes patrimoniales que lo integran.

3.
EL ADN DEL GESTOR: EVALUAR LOS ACTIVOS PATRIMONIALES, HACERLOS ACCESIBLES Y ATRACTIVOS

No se puede minusvalorar la dimensión turística de la mayoría de los paisajes. Todos, o casi, contienen algo que los hace valiosos al visitante, sus activos que atraen, podríamos resumir. Las Bárdenas Reales, ese desierto fuera de lugar que aparece al sur de Navarra lindando con Aragón, es apreciado hoy día por contener poco más que formas naturales inverosímiles resultado de la erosión. Hasta hace poco tenía otro tipo de valor: era un polígono de tiro de la fuerza aérea española. Durante siglos fue, como su nombre indica, una posesión real (la voz *bárdena* está relacionada con la voz *barda* y significa «cercado»), cuya concesión era aprovechada por los pueblos circundantes para el pastoreo. ¡Menudos cambios de uso! Las Bárdenas nos dice que en cualquier lugar puede asomar un recurso menoscabado, ignorado o poco valorizado. Pero hay más. Algo tan inesperado como un nombre de sitio aparentemente banal, puede dar lugar a perspectivas sorprendentes que pueden contribuir a modificar las fuentes de valor atribuidas hasta el momento. Observemos lo que sucede con el nombre de la ciudad de Madrid, capaz de dar por sí mismo mucho juego si arrancamos por otro camino. El origen de la palabra que designa a la capital de España es de origen árabe (*Mayrit*); señalaba una fortaleza que se levantaba en la estepa y que un modesto río cernía. *Mayrit* es probable que venga de *mayra*, «arroyo» en árabe. Pero también es posible que provenga de un nombre anterior como *matrice*, que podemos asociar a la idea de cauce o a la de nacimiento. En este caso, Madrid podría connotar la idea de «lugar matriz de un territorio» y por extensión «ciudad matriz de un país»; con grandes e insospechadas consecuencias para la imagen de la ciudad. Un nombre solo, según se contemple, puede cambiar por completo el escenario, el paisaje. Es ya otro paisaje el que tenemos enfrente puesto que hemos hecho que las palabras cumplan con su cometido, el de significar.

Se trata, pues, de jugar con las múltiples posibilidades que nos brinda un lugar o un recurso específico enmarcado en un lugar, en un paisaje, tanto en lo físico como en lo metafísico, tanto en los valores materiales que vehicula el recurso, como en los valores simbólicos de los que se hace eco. Son estas *posibilidades*, tan diversas y ricas en muchos casos, las que harán, de un lugar determinado cualquiera, un sitio más atractivo.

3.1 Activos atractivos: cómo lograrlo

Es atractivo aquello que atrae a la gente. Cuando aquí se habla de activos atractivos es porque se supone que lo que llamamos gestión del patrimonio se propone contribuir a que los recursos gestionados adquieran una relevancia especial que los haga atractivos para la mayor parte de la gente. A partir de la cualidad de ser atractivo hemos hecho aparecer un neologismo derivado de la lengua francesa: atractividad (*atractivité*). Un recurso patrimonial tendrá atractividad cuando suscite interés en ser visitado, cuando aliente la curiosidad de saber más cosas sobre el mismo, en fin, cuando haga soñar. Nos podemos preguntar entonces, y aquí está una de las claves de la gestión del patrimonio, ¿cómo hacer más atractivos nuestros activos?

Una idea inicial del peso de una comarca, demarcación o población en términos de atractividad para los forasteros podrá establecerse con tan solo hacer una lista mediante un *brain storming* de todos los nombres, acontecimientos y recursos amortizados que dan ya un cierto nombre turístico al territorio y lo colocan en el mapa. Pocos lugares hay desaprovechables; como ya se ha dicho, no hay paisaje sin atractivo ni monumento sin valor. Si me fijo en la región francesa de la Borgoña (un recorte del mapa de Europa como cualquier otro, escogido como ejemplo para ilustrar el caso) y voy un poco más allá de los tópicos que conoce todo el mundo (vinos, gastronomía y arquitectura medieval), añadiré lo siguiente a la lista, sin demasiado recurso previo a una investigación concienzuda: El castillo del marqués de Vauban, Taizé y el ecumenismo, la basílica de Vézelay, la abadía de Fontenay, Mme de Sevigné, los platos de caracoles, el licor de cassís, Alesia y Vercingétorix, el Toisón de Oro, la abadía de Cluny y sus primas de Citeaux, Clervaux y Tournus; San Bernardo, Buffon el conde naturalista, Clos Vougeot y otros viñedos reputados como los de Chablis o Pommard; el castillo de Tanlay, el parque natural de Morvan, la roca de Solutré a la que solía subir el presidente Mitterrand, las vías verdes, el *opidum* de Bibracte, el proyecto de Guédélon, el queso de Epoisses, los canales navegables y su circuito, etc. Acto seguido clasifico por temas los recursos, relleno huecos, reequilibro la lista y profundizo un peldaño más. Con ello no solo elaboro un mapa turístico convencional sino que me aprovisiono de elementos de reflexión sobre la sustancia de la que están hechos los paisajes del territorio, su variedad, los puntos fuertes y débiles que presentan, lo que da de sí el terruño y muchas cosas más, como las historias que esperan ser descubiertas detrás de cada curva del camino: una granja, un puente, un cementerio, un molino. Porque se trata sin duda de saber contar historias. Sin un buen relato no se llega fácilmente al público. No siempre es fácil, pero aunque de entrada no lo parezca, los paisajes rebosan de historias, sólo hay que rescatarlas y explicarlas como tanta gente sabe hacer bien, como en el milagro del puente, con su lucifer, su abuela y su escurridizo gato. Vamos a hacer un repaso a continuación de algunas de las cosas concretas que también se pueden hacer.

Foto 8. Vercingétorix contempla el sitio de la batalla de Alesia desde lo alto de un cerro, una de las elevaciones del terreno que sirvieron a César para fortificar el perímetro con el que envolvió a los galos reunidos el año 52 a.C. en la ciudad homónima, hasta vecerlos por inanición, con lo que pudo imponer la ley de los Romanos sobre toda la Galia. Napoleón III, último Emperador de los franceses, impulsor de las excavaciones arqueológicas de los *oppida* galos, vio en el caudillo arverno a uno de los primeros héroes nacionales, merecedor como tal de una narrativa reivindicativa (cuyos orígenes están en los comentarios del propio César en *De Bello Gallico*) y de un monumento apropiado, como este que domina desde 1865 el paisaje del Auxois (Alta Borgoña) en el lugar mismo de la batalla decisiva. A los pies del monumento, en el llano, las instalaciones del nuevo Museopark Alesia se llenan en verano de jóvenes visitantes que no se quieren perder los talleres sobre las técnicas de la guerra de la época de César. Está claro que a menudo los monumentos no se pueden separar de los paisajes. Fuente: Wikimedia Commons (Myrabella).

3.1.1 Asociaciones

Bermudo III fue el último rey de León. Murió con 19 años batallando contra los castellanos el año 1037. Eso es lo que cuenta la historia. Algo muy interesante del caso es que además de documentos, tenemos el paisaje para este acontecimiento. El pueblo burgalés de Tamarón conserva el lugar llamado la Carrera del Rey, justamente el lugar de la cabalgada de Bermudo al frente de su hueste que terminó en una fatal lanzada (posiblemente al primer choque). ¿Qué más queremos para un paisaje que una historia detrás y además prestigiosa?

Lo que sigue son algunas ideas al respecto referidas a obtener asociaciones legítimas que jueguen con los nombres de persona y de lugar, con productos populares o con hechos relevantes que den lugar a situaciones que favorezcan una revalorización suplementaria del recurso gracias a la acción combinada de la memoria histórica o literaria, la nostalgia y el recuerdo. Veamos algunos casos conocidos:

- Asociar un lugar a un bien material señero altamente patrimonializable. Por ejemplo el pueblo de Pontrieux en la Bretaña es reconocido y visitado por la pintoresca "avenida" fluvial de lavaderos particulares (mayormente del XVIII y XIX) que, por detrás de las casas, asoman al río Trieux.

- Asociar un lugar o un bien a un personaje de ficción. El Chateau de Cheverny en el valle del Loira en Francia se asocia a los personajes de Tintín, puesto que Hergé coloca allí escenas de «Secreto del unicornio» y de otros episodios.

- Asociar un lugar o un bien a un acontecimiento histórico (una batalla, un encuentro, una entrevista, una manifestación, un nacimiento...). El pueblo de El Tiemblo, en Ávila, está asociado secularmente a los celtibéricos Toros de Guisando y al pacto de este nombre entre Enrique IV, rey de Castilla, con su hermana Isabel para hacerla su heredera en el trono. Las batallas, en concreto, pueden dar mucho de sí al ser escenarios grandiosos, la memoria de los cuales difícilmente palidece, por eso en Europa hay muchos campos de batalla que cobran vida en verano animados por asociaciones de la memoria histórica muy activas, siendo uno de los más emblemáticos, Waterloo, al sur de Bruselas. En Estados Unidos el número uno es Gettysburg (en Pensilvania, guerra de Secesión).

- Asociar un lugar o un bien a un personaje ilustre. La localidad de Montbard en la Borgoña se vincula a su hijo predilecto, el conde de Buffon, gran naturalista del Siglo de las Luces, y pone en valor su residencia y casa natal como Maison des Ilustres. El barrio de Coyoacán en México D.F. se reconoce en Frida Khalo, su ilustre vecina, propietaria que fue de la Casa Azul.

- Asociar un lugar o un bien al rodaje de una película, una serie televisiva o un documental. Es el «aquí se rodó...». Así, el paraje protegido como reserva indígena y parque natural de Monument Valley en Arizona permanece vinculado a los filmes del oeste dirigidos por John Ford. De forma parecida, la pequeña isla protegida, conocida como Maya, en el mar de Andamán (Tailandia), atrae a multitud de turistas porque en su paradisíaca playa en forma de concha se rodó *La playa,* con Leonardo Dicaprio.

- Asociar un lugar o un bien a la literatura. Por ejemplo el puerto de Nantucket en Massachussetts no puede disociarse de Herman Melville y de su novela *Moby Dick*, ni la ciudad de Dublin del autor de *Ulises*. El Floridita sería un bar cualquiera de la Habana Vieja de no ser por los daiquiri de Hemingway.

- Asociar un lugar o un bien al arte de la pintura, la escultura, la arquitectura o la música a través de los artistas autores. Por ejemplo, el pueblo que pintó Van Gogh (Auvers sur Oise); el paraje que pintó Millet para su Angelus, la vista que fijó de Delft, su ciudad, Jan Vermeer; la perspectiva que el Greco pintó de Toledo...

- Asociar un lugar o un bien a una producción local de éxito. Por ejemplo, la pesqueria de la anchoa se asocia en Catalunya a la población de la Escala. De modo parecido, Dijon se confunde con la mostaza; el turrón con Jijona, el *nougat* con Montélimar y las rosas con Grasse, la ciudad francesa del perfume.

- Asociar un lugar, ciudad o pueblo a un icono civil, viejo o nuevo. Aquí la Habana ha mostrado el camino. Pocas ciudades se asocian de forma tan natural y tan íntima a un bien material, como la capital de Cuba y los coches norteamericanos de época, o donde de una escasez se ha sacado oro.

- Otras asociaciones posibles a indagar: a un viejo camino de postas; a una vía romana; al itinerario seguido por un personaje célebre; a un fenómeno natural; a un animal totémico, a un famoso, tipo *people* o *celebrity* (parece ser que el cantante Bustamante se ha convertido en el mejor publicista de su pueblo, San Vicente de la Barquera).

La pertinencia de este tipo de asociaciones se entiende aún mejor cuando concitamos la atención sobre un territorio o paisaje que ya goza de una etiqueta prestigiosa que actúa sobre el imaginario colectivo. Destinos evocadores como La Foret de Brocéliande (sitio emblemático de las leyendas artúricas poblado de druidas y misterios, localizado en el centro de la Bretaña francesa) o el Camino del Inca, que concitan inmediatamente excitación, fantasía y deseos de visita, sirvan para establecer el caso. En cualquier caso arte y paisaje son dos valores que suman siempre, algo que el gestor de autopistas francés ha comprendido muy bien aún a riesgo de forzar la confusión de un paisaje con la obra del artista que lo ha convertido en icono. A. Roger (1997: 22) apunta certeramente a la forma en que se producen ciertas asociaciones, cuando escribe: «Sobre la autopista A7 (una vez en la Provenza) al atravesar el macizo, se conmina a la gente, por medio de paneles, a admirar la montaña Sainte Victoire y los paisajes que pintó Cézanne como si, sin esta referencia, el paisaje sufriera el riesgo de recaer en la indiferencia».

Pero hay un nuevo fenómeno relacionado con este tipo de asociaciones que se está imponiendo con la expansión de las redes sociales y la preeminencia otorgada por los consumidores a la ficción servida por los medios. Es el caso de la asociación ficción cinematográfica o televisiva y paisaje. De este matrimonio sale un nuevo tipo de paisaje-atracción turística, quizás catalogable como *paisaje de los sueños* o de la *ficción* como, por ejemplo, el que se promociona en Irlanda para el turismo internacional: véngase a la Irlanda de *Juego de tronos* (la serie televisiva reciente de inspiración pseudohistórica, récord en audiencias). De forma parecida en Nueva Zelanda se ha querido promocionar el turismo interior agitando el señuelo del atractivo paisaje mostrado por el filme *El señor de los anillos*. ¿Cuantos habrán descubierto de esta forma que la isla de nuestras antípodas no tiene nada de llana? La ciudad de Gerona, beneficiada por el rodaje reciente de episodios de *Juego de tronos* también aspira a sacar partido del mismo. Más significativo todavía, la Plaza de España de Sevilla es, según TripAdvisor (de acuerdo con lo que recogen los medios a principios de 2018), el lugar más popular de España para los turistas internacionales, quizás porque imágenes de la plaza aparecen en filmes tan conocidos como *Lawrence de Arabia* y *Star Wars: El ataque de los clones*.

La particularidad de estos casos es que el turista va a la caza de una experiencia de visión perfectamente encuadrada (en varios sentidos de la palabra) gracias a las pantallas y lo que busca sobre todo es verificar hasta qué punto el viaje real le proporciona los resultados esperados, celosamente guardados en la memoria. En otras palabras, lo que cuenta es la referencia televisiva: allí está el modelo, la fuente original a la que debe hacer honor el paisaje real visitado. Otra forma de pergeñar imágenes perdurables, que guardan concomitancias con lo que se acaba de decir, es la que nos presenta, también gracias a la magia de la cinematografía, paisajes del futuro (de un futuro presumido obviamente). Es el caso del paisaje urbano de un Los Ángeles de 2020 en *Blade Runner* (1982) o de los paisajes del desierto australiano sobre los que evoluciona un alocado Mad Max.

3.1.2 La importancia de poner etiquetas

La etiquetas asociadas a una localidad, bien o paisaje sirven para llamar la ateción, conferir en ocasiones prestigio y suscitar en muchos casos interés. En el argot mercadotécnico, siempre tan receptivo a los neologismos, poner etiquetas sería *labelizar*. El gusto en el empleo de neologismos como este no es irrelevante aquí: contrastan perfectamente con las palabras antiguas recuperadas y no desmerecen el interés por la etimología como recurso argumentativo. En cualquier caso el empleo a fondo del patrimonio lingüístico, propio y ajeno, debería ser una exigencia para el estudioso o el gestor patrimonial.

Labelizar no ha de entenderse como un caer en el uso de un recurso mercadotécnico abusivo o demasiado banal; al contrario, es un altavoz que llama la atención sobre algo realmente valioso, aunque de entrada lo sea solo en potencia. Labelizar es explicarse, es apuntar en voz alta algo precioso sobre un lugar, es declamar qué es lo que lo hace mejor o quizás solo distinto, a otro. Ushuaia presume con razón de ser la ciudad más austral del mundo. ¿Y la más antigua sin discontinuidad de poblamiento? Esa, que debe existir, ¿no tendría acaso el derecho y casi el deber de proclamarlo? Decir «el pueblo de García Márquez» aporta algo positivo a Aracataca (Colombia); aunque también hay ocasiones en que la asociación es tan reconocida y fecunda que no se concibe uno sin lo otro. Por ejemplo, Port LLigat (Cadaqués, Girona) sin Salvador Dalí no es nada. De forma parecida, ¿cabe imaginar siquiera el Toboso sin Dulcinea ni Don Quijote? Cuando uno posee un valor seguro no hay ni que pensar en que la repetición pueda cansar, porque siempre que asocio los dos sustantivos (Dulcinea y el Toboso aquí) estoy creando un vínculo explosivo y no existe nada mejor que sustituya tamaña fuente de valor (pisando a Bill Clinton, diríamos, ¡es la imaginación, amigo! y la imaginación nos hace volar).

Hay ejemplos de labelización *organizada* en el mundo del patrimonio y el turismo que son dignos de mención, descontando los casos más evidentes como son los lugares reconocidos patrimonio de la humanidad o de un país. Es el caso, por ejemplo, de «Les plus beaux villages de France» etiqueta que distingue a los pueblos pequeños más bonitos del país (con una asociación prestigiosa detrás avalada por una praxis puesta a prueba y unos estatutos, etc., véase pie de la foto 9). Otra asociación, más antigua todavía (France fleuri, impulsada desde el Ministerio de Turismo) concede en el mismo país desde 1959, más o menos estrellas (hasta cinco) en función de cómo una localidad cuida sus jardines y sus espacios públicos y se ofrece a turistas y residentes adornada de flores. La etiqueta «Ciudades y territorios de arte e historia» (*Villes et Pays d'art et d'histoire*) atribuida por el Ministerio de Cultura de Francia, reúne a ciudades y comarcas que realizan políticas activas de puesta en valor y divulgación del patrimonio local (este autor conoce de primera mano una de estas colectividades locales, el *pays* de l'Auxois-Morvan, turísticamente conocida como *Pays de l'Auxois-Morvan, Pays d'art et d'histoire*). Se podrían citar todavía otros ejemplos de labelización sin salir del país, como los «Sites remarcables du gout» (alta gastronomía) o, si nos ceñimos a ciertas comarcas precisas, propuestas de recorrido turístico que apuntan a la excelencia local en artesanía y oficios, como la «Route des Savoir-faire de l'Oisans» (Isère-Alpes). En España siguiendo la estela de los *pueblos más bonitos* se ha creado en los últimos años una Asociación de Pueblos más Bonitos de España. Una de las asociaciones españolas más antiguas que agrupa municipios en favor de un patrimonio común es «Caminos de Sefarad» y su «Red de Juderías de España». También en Italia hay ejemplos clásicos de labelización (es el caso de las «Città d'Arte») y en otros países del mundo.

El caribe mexicano es uno de los puntos del planisferio donde más se ha labelizado recientemente para la promoción del gran turismo. Ha aparecido, por ejemplo, una «Costa Maya» entre las bahías del Espíritu Santo y Chetumal al sur del estado de Quintana Roo en un espacio hasta hace poco apenas explotado. En el mismo estado, más al norte se ha fomentado una «Zona Maya» donde se mueve una Red de Turismo Comunitario destinada a favorecer la inclusión de la población autóctona, los mayas de verdad, los de toda la vida, habitantes olvidados de una gran región donde las transformaciones del territorio han sido rápidas e intensas.

Todos estos casos (excepto «Costa Maya» que es un puro reclamo turístico) responden a modalidades de labelización que suponen algo más que llevar colgado un cartel: formar parte de una red organizada, con lo que ello implica de ingreso en una organización preexistente, adhesión obligatoria a una carta-contrato o a unos estatutos, sujeción a unos procedimientos establecidos y aceptación de unos procesos de evaluación. Naturalmente a mayores compromisos más esfuerzo exigido y mejores resultados turísticos. Pero a veces las etiquetas no traducen esquemas institucionales; los «pueblos blancos» o los «pueblos negros» identifican de entrada dos rutas turísticas españolas perfectamente conocidas: la primera en las provincias de Cádiz y Málaga y la segunda al norte de la de Guadalajara. Solo de entrada, porque los pueblos así reunidos tienden en una fase posterior a impulsar el trabajo en red y una colaboración más íntima entre localidades y entre estas y las instituciones, sean públicas o privadas.

Pero las etiquetas también han podido implantarse a modo de eslogan. Avignon es la «Ciudad de los papas». Barcelona era, cuando no tenía el éxito turístico de hoy, «Ciudad de Ferias y Congresos». Manchester, era la «Ciudad de la industria», con lo que competía así con su vecina Liverpool que además de industria disfrutaba del mejor puerto comercial del país fuera de Londres. Es lógico que en estos casos los cambios de eslogan den una idea de los cambios experimentados por una ciudad a lo largo del tiempo.

Una probable nueva etiqueta puede acaso originarse en los medios de comunicación. La emisión televisiva en formato de concurso popular *Le Village preferé des français* ha puesto en el mapa turístico a tantos pueblos como finalistas ha tenido el programa desde su inicio en 2012. Tras la primera edición, el pueblo ganador, Saint Cirq Lapopie, vio como aumentaban en un 65% las visitas de turistas. Incluso el presidente de la República viajó a la localidad para felicitar a sus habitantes. El vencedor de 2016, un pueblo de Bretaña, se permitió, gracias al incremento de los ingresos, emprender programas de rehabilitación del centro urbano y pudo restaurar la iglesia. Una lección más, aprendida de todo ello, es que la competencia entre pueblos, parques o monumentos por hacerse con una etiqueta distintiva del tipo que sea, incita a los implicados a pensar soluciones y a proponer mejoras y por ende a aumentar al final la atractividad de un lugar.

Con referencia al alojamiento turístico, si se me habla genéricamente de hoteles rurales o de establecimientos Bed and Breakfast, mis sentimientos seguirán confundidos: habrá de todo. Pero si se me habla de las Pousadas de Portugal, seguramente la noción de calidad se me aparezca con más convencimiento, de forma parecida a si se menciona la red de Paradores de España. Por tanto también podríamos considerar como forma de reclamo la presencia sobre el territorio de ciertos sellos turísticos acreditados o de ciertas plataformas de contratación hotelera tipo Gites de France (organización nacional que ampara con su sello de calidad albergues, casas rurales y *maisons d'hôtes*) u otras en otros países, a través de las cuales los establecimientos se constituyen en garantes de un cierto nivel de satisfacción —por arraigados y por auténticos sobre todo— para el cliente viajero.

Foto 9. Noyers sur Serein, Yonne, es uno de los 157 «plus beaux villages de France». La organización detrás de la marca «Les plus beaux villages de France» fue creada por un alcalde rural en 1982 para luchar contra el abandono del campo, apuntando a cuatro objetivos fundamentales: conservar lo que vale la pena; crear valor para invertir la tendencia hacia la despoblación; poner los pueblos en el mapa del turismo nacional; favorecer el desarrollo local. El procedimiento de selección para ingresar en el club para los pueblos candidatos, parte de conservar la dimensión rural (2000 habitantes como máximo), poseer al menos dos bienes clasificados y superar durante el proceso de selección un conjunto de criterios de tipo objetivo. Finalmente cuenta mucho la voluntad expresada por los propios municipios de compromiso con el proyecto a través de su adhesión a un contrato-carta de calidad. Foto del autor.

3.1.3 Los productos derivados

Guías turísticas, ciertos textos literarios, publicaciones especializadas, folletos, vídeos y en general todos los productos llamados derivados forman parte de la oferta turística convencional complementaria de la mayoría de los sitios patrimoniales. Históricamente las guías han ocupado un lugar destacado dentro del mundo del turismo: servían para orientar al turista, le proporcionaban argumentos en favor de una determinada opción cultural, le informaban sobre un bien desarrollando contenidos fundamentales, le daban recomendaciones prácticas... Las guías han ido mejorando su presentación a base de sublimar la imagen y han evolucionado en el sentido de proporcionar una información más dirigida y personalizada. Los elementos contextuales han ganado en importancia, así como las anécdotas y los contenidos lúdicos. Se ha añadido cierta información comercial y han proliferado advertencias y consejos prácticos. Este tipo de producto derivado, en papel fundamentalmente, así como sus congéneres digitales, es siempre candidato a formar parte de la lista de recursos complementarios aprovechales por el gestor del patrimonio.

Relacionado con este producto genérico están los medios de comunicación: prensa, radio y televisión. Los medios de comunicación están atentos como nunca antes a lo que acontece en el mundo de la cultura y el patrimonio. Las grandes exposiciones se publicitan en el metro y los descubrimientos arqueológicos más llamativos son objeto de tratamiento destacado en los telediarios. El Antiguo Egipto y Atapuerca nos son tan familiares gracias a la televisión como las estrategias de apareamiento del Urogallo.

Ya se ha hablado más arriba de un programa de televisión en Francia que de la mano de un presentador estrella, promociona el patrimonio local (este mismo presentador y divulgador de la historia, Stéphane Bern, ha sido nombrado recientemente por el nuevo presidente de la República, *Monsieur patrimoine* con la misión de descubrir monumentos en peligro, uno o dos de representativos por cada región, para proponer a continuación su rehabilitación o restauración en base a los fondos recabados por una nueva lotería). No cabe decir mucho más sobre la pertinencia de buscar en los medios oportunidades de arrancar proyectos conjuntos concretos.

La comercialización de artículos es otro *producto derivado* al alcance de muchos proyectos patrimoniales. Sabemos que un porcentaje de visitantes cada vez mayor no abandona una visita sin antes no haber comprado *in situ* en la tienda objetos derivados del tipo recuerdos, libros u otros artículos relacionados más o menos directamente con el tema o el bien visitado, muestras de la artesanía local o productos de la tierra convenientemente acondicionados. Modas y joyería con alguna vinculación formal o temática con la ciudad o región también están progresando en este tipo de establecimientos. Es un hecho que las tiendas de museos y monumentos ocupan cada vez mayor espacio y son más lujosas y entretenidas. Ello hace que muchos visitantes empiecen las visitas por la tienda y a la salida vuelvan para realizar las compras decididas entre tanto. La dimensión que van adquiriendo los productos derivados en las iniciativas patrimoniales es sintomática de la sociedad que tenemos. Nada escapa al *merchandising*. Un ejemplo entre otros de transformación de un sitio Patrimonio de la Humanidad en paraiso comercial con hoteles incluidos, podría ser el complejo arqueológico-industrial de New Lanark, todo un valle industrial protegido que fue la cuna del socialismo utópico de Robert Owen, pero que no lleva el nombre de museo en ninguna parte para no ahuyentar a los desprevenidos, mientras se enorgullece de ser una de las *top visitor attractions* de Escocia, como un parque de atracciones más. Otro ejemplo parecido sería Colonial Williamsburg en Virginia, Estados Unidos, allí donde todo empezó (los orígenes de la colonización anglosajona de América del Norte, naturalmente), cuyo legado comercial y mercadotécnico, por otra parte en sí mismo admirable por su profesionalidad, otros muchos han querido mimetizar durante los últimos decenios.

3.2 Activos con sentido: qué más se puede hacer

Hay muchas maneras de acercarse a un paisaje, sin embargo da la impresión que nos autolimitamos. Por ejemplo, pocas veces ponemos en ello los cinco sentidos y no siempre las propuestas que nos hacen los gestores o los propietarios de un bien cultural sacan partido de todos los recursos explorables y explotables. ¿Qué otras cosas se pueden hacer, pues?

3.2.1 Paisajes de los sentidos

Recuperar los paisajes para la gente, reestablecer un significado acorde a lo que son o han sido, tiene mucho que ver con que se pueda poner en ellos mucho sentido y algo de sensibilidad. Lo que debería inducir a considerar en cualquier proyecto de puesta en valor patrimonial, el lugar que ocupan los sentidos.

Oído

No todo se soluciona poniéndose los cascos para hacer uso de una audioguía. Quizás sea mejor en ocasiones escuchar el ambiente; dejarse llevar por el canto de los pájaros u otras músicas. El paso del río bajo los arcos del puente crea un nuevo fragor acuoso, presumiblemente agradable. A la gente le place oír el discurrir de las aguas o el sonido de las fuentes en los abrevaderos. Más de uno se habrá preguntado si el silencio se puede palpar, este silencio de los tiempos que envuelve con su manto a ciertos pueblos de Galicia o del norte de Portugal, un silencio de la misma naturaleza que el granito que viste los callejones vacíos y húmedos y las mismas plazas. A lo lejos las campanas del pueblo, de cualquier pueblo, anuncian un bautismo o simplemente dan la hora, como antaño cuando la vida de las comunidades venía regulada por el tañido de las campanas y el paso de las horas. Las campanas anuncian pero también previenen o dan la alerta. Incluso ahuyentan o ahuyentaban a los malos espíritus y al mismo demonio. Su protección sonora se extiende por el campo circundante y llega a todos. En esto reside todo su valor. Distinta y propia de otros lares, aunque con cosas en común con la llamada de la campana, resulta la voz del almuecín emergiendo del minarete que corona la mezquita.

El bosque, una catedral hecha de verdura, tiene sus propios sonidos que en la selva ecuatorial llegan a exasperar.

Cada estación da al bosque templado un sonido particular. En primavera lo característico es el zum-zum de los insectos, pero bajo la nieve los sones se apagan como en el interior de una habitación de paredes acolchadas. Víctor Hugo aprecia del bosque en verano aquel momento «en que el silencio duerme sobre el terciopelo de los musgos» (citado por Corbin, 2016: 51). H.D. Thoreau no distinguía entre las cuatro estaciones para disfrutar durante unas horas todos los días del paisaje alrededor del lago Walden, mientras atentamente escuchaba los sones del aire. En otoño la niebla hace de las suyas en los valles fluviales. Huckleberry Finn, navega Misisipi abajo a sabiendas de que está obligado a sacar el mejor partido de los sentidos. En una ocasión dice: «Yo no entendía nada de las voces en la niebla porque en una niebla no hay nada que parezca ni suene natural» (Twain, 2013: 134).

En el flanco del bosque el ferrocarril anuncia con tiempo su paso, día y noche, y su sonido, más que molestar a los que descansan, los acompaña (Thoreau, en cambio, en su radicalidad llega a criticar el sonido del ferrocarril que todavía oye desde su retiro de Walden). Cómo el ladrar a media distancia del perro de la granja vecina o el sonido rítmico de los cascos de los caballos sobre la tierra apisonada. El crepitar del fuego también es agradable en el hogar o en un campamento al aire libre, pero desespera cuando consume un bosque. Cae la noche y la oscuridad invita a escuchar, más que el día, y a mirar hacia las estrellas «porque la noche amplifica las resonancias auditivas que compensan la aniquilación de los colores: por eso el oído es el sentido de la noche» (G. Bachelar citado por Corbin, 2016: 36).

Vista

Algunos museos enseñan a contemplar las obras de arte. ¿Quién enseña a mirar desde un mirador hacia un pueblo y al paisaje en el que se integra? No es fácil encontrar este tipo de ayudas. Pioneras en esta pedagogía fueron las perspectivas escénicas con intención didáctica que puntean todavía hoy los parques nacionales de los Estados Unidos, donde uno es invitado a pararse en cada mirador como lo haría ante cada cuadro de un museo.

De arriba a abajo o a la inversa, son dos formas diferentes de contemplar un paisaje que implican respuestas diferentes en el observador. Desde más arriba, desde el cielo, a vista de pájaro, uno descubre hasta qué punto los campesinos son los escultores de la tierra, los verdaderos modeladores del paisaje. Es una de las ventajas de las que gozamos los modernos: poder ver desde muy arriba. Antes no existía esta posibilidad y este antes abarca milenios. Los egipcios, por ejemplo, construyeron las pirámides con el punto de vista a ras de suelo. Estos y otros antiguos nunca pudieron contemplar a su país desde los aires: su punto de vista en las alturas —una colina por ejemplo— tenía que ser fijo, y no podían verlo de noche iluminado por luces eléctricas. Nosotros en cambio subidos al globo aerostático o al avión, vemos el paisaje evolucionar a nuestros pies y si queremos, para variar, lo podemos contemplar desde más abajo también y a la luz de unas exóticas antorchas, una posibilidad que solo hay que proponerla para hacerlo más atractivo. ¡Una ciudad iluminada con antorchas! menuda novedad. En *Cinco semanas en globo* Julio Verne nos transmite la sorpresa y la emoción de tres intrépidos navegantes que pueden contemplar África desde los aires por primera vez, como si miraran a un mapa de tamaño real, mientras que abajo misioneros y exploradores se enfrentan a las enfermedades, las alimañas y las tribus hostiles en su locura descubridora.

Una anécdota personal para recordar, la de la azafata de American Airlines que al pasar por encima de la montaña de Montserrat a pocos minutos de aterrizar en el aeropuerto de Barcelona, empezó a sacar fotos desde una ventana, sorprendida de la vista. Para ella se trataba del estreno de una nueva línea y no cabía perderse el espectáculo, curioso por su rareza. Un sucedáneo de la vista desde lo alto es, como se comentaba, el útil valioso del *panorama* impreso en 2D sobre una suerte de mesa fija, como un atril al aire libre, que se propone a veces desde un mirador reputado para gozar libremente, con la ayuda experta del dibujante intérprete, de un paraje, curiosidad, ciudad o vasto horizonte. Su proliferación es escasa fuera de ciertos parques nacionales o regionales o de grandes conjuntos arqueológicos y monumentales, por más que puedan contribuir enormemente a la apreciación y, por ende, a la protección del patrimonio paisajístico. Abundan algo más en el interior de las ciudades como herramienta para la interpretación de conjuntos urbanos y de sus sitios arqueológicos aunque entonces la fotografía antigua y otros testimonios gráficos alternativos adquieren un relieve mayor.

Simón Marchán (2006: 34) prefiere el método deambulatorio. Sostiene que la visión de un paisaje puede despertar la memoria del cuerpo mediando una sensibilización previa debido a impresiones visuales y otras sensaciones corporales asociadas al paisaje de la infancia. Por eso propugna el paseo y la caminata para el descubrimiento del paisaje:

> En nuestro andar trazamos espontáneamente el horizonte como una línea demarcadora que se ofrece a nuestra mirada y define el campo perceptivo del paisaje, pues, aunque el horizonte se modifique, amplíe o estreche, se eleve o se achate debido a nuestros cambios de posición o de lugar, siempre permanecerá como horizonte gracias a la presencia del cuerpo (...). En virtud de esta movilidad corporal lanzamos miradas cambiantes que al deslizarse en el espacio abren horizontes que proporcionan otras tantas fijaciones del paisaje.

Desde esta forma de enfocarlo, los panoramas, con su oferta de visiones estáticas sucesivas, serían el contrapunto del acto de caminar.

La luz crea sus efectos particulares y modifica incluso la forma de ver y aún lo que vemos. Para el fotógrafo no hay otra cosa que la luz y el motivo, evidentemente. Un artista, un fotógrafo, un geólogo o un historiador ven cosas distintas frente a un mismo paisaje porque tienden a contemplar el mismo motivo de forma diferente. Cada uno usa al respecto un filtro particular. Otros sacan recursos de sus múltiples lecturas y visionados, otros más simplemente miran. La falta de luz o la noche dificultan la vista, lo que empuja a contemplar el paisaje con los sentidos más afinados. Como conocen los pintores fauvistas a todos nos es dado descubrir los matices de las sombras, su diferente color, con luna y sin luna.

Olfato

Los paisajes pueden sentirse a través del olfato. Su efecto es entonces duradero, lo que cualquier persona está en disposición de poder comprobar por sí misma (no menospreciemos la memoria olfativa). La carretera que en verano, bajo un sol abrasador, cruza un Parque Natural y huele a alquitrán derretido o a humo de incendio no resulta agradable. Sensaciones de este tipo dejan su huella en la memoria y, al final, más que una imagen de los paisajes del verano, más o menos abatidos por el sol de agosto, queda en el recuerdo aquel olor malsano que nunca pensamos que era el olor de las vacaciones. Como tampoco es agradable el olor del agua estancada o el del cadáver de un animal en descomposición. Sí es agradable en cambio el olor a heno, a flores de los bordes del camino, a rebaño pastando al aire libre. El bosque tiene un olor especial: cada uno el suyo. Cuando un bosque se quema queda un tiempo en el aire un olor acre a madera quemada. Maldito recuerdo que nos persigue por la nariz. Los ríos y los lagos también huelen y quizás no sepamos decir a qué. El mar huele a yodo o a salitre, como las playas limpias de colillas. ¿Huele un paisaje nevado? Seguro que sí. Nunca olvidamos el olor de las vacaciones, en el mar o en la montaña.

Las salas de los castillos que visitamos suelen oler a humedad; las viejas alacenas, a alcanfor. Las naves de algunas iglesias a cirio, pero las catedrales a incienso después de un oficio. El humo de las chimeneas huele a hogar. Las cocinas de las casas de los pueblos huelen a gloria cuando uno tiene hambre, como ciertos restaurantes. Los establos huelen a animal verdadero como los circos. Los coches que pasan huelen a carretera y a barrio periférico, como los perfumes indistintos de los ciudadanos con los que nos cruzamos que nos recuerdan al metropolitano. Los olores también marcan nuestros paseos. Pregunta para la Oficina de Turismo del año: ¿podemos llevarnos una muestra del olor de este o de aquel sitio?

Gusto

Olfato y gusto son dos sentidos asociados intimamente. Uno nos lleva al otro y viceversa; uno y otro, potentísimos, contribuyen a fertilizar de forma eficaz las capas recónditas del recuerdo. Al final del célebre pasaje de «la magdalena», de Proust, el escritor, nos sitúa como en tantos otros momentos de su obra, en los términos precisos de su investigación sobre el tiempo que pasa y la huella que deja, y en esta ocasión de esta manera tan certeramente bella:

> Pero, cuando de un pasado antiguo nada subsiste, después de la muerte de los seres vivos, después de la destrucción de las cosas, solos, más débiles pero más vivaces, más inmateriales, más persistentes, más fieles, el olor y el sabor permanecen todavía largo tiempo, como almas, para acordarse, para esperar, para confiar, sobre la ruina de todo lo demás, para llevar, sin doblegarse, sobre su gotita casi impalpable, el edificio inmenso del recuerdo (Proust, 1918: 91).

No olvidemos que el patrimonio es una industria del recuerdo. Pero los paisajes que visitamos realmente también se degustan; mejor dicho, se degusta lo que ellos producen gracias a sus cocinas. Pocas cosas más importantes hay para el visitante que poder degustar sin prisas durante algún momento del día, las cocinas locales. Es la guinda de toda excursión exitosa, puesto que la comida, ella sí, habla por sí sola. En Francia al traspaís base de lo culinario de cada sitio lo llaman *le terroir*. Un queso, un vino, una olla, un pan, un pastel, un guiso... del país, esta es la clave, hecho, claro está, según manda la tradición. El *terroir* o terruño expresa pues la calidad de una tierra, de un paisaje, más el conocimiento acumulado y lo que da ya es harina de otro costal: puede ser los platillos de insectos en ciertos lugares de México, las láminas de carne seca en los alpes suizos o en el páramo de León, las bayas rojizas en conserva de los pueblos que habitan los bosques suecos, las hamburguesas en Michigan o en la llanura texana, el ceviche en la costa peruana, la grasa de foca cocinada en el país de los inuit o los platos aderezados con leche de coco y cilantro en Tailandia. Incluso el agua corriente sabe diferente de un sitio a otro; como el aire o los frutos que produce cada pedazo de tierra: la caza, los frutos silvestres, los frutos secos, las hierbas olorosas, las frutas y las hortalizas de variedades antiguas... o la cerveza local. Podríamos añadir que las cocinas son la sal y la pimienta del patrimonio y además nos dejan con un buen recuerdo. Por esto se agradecen los sitios que incorporan, como un servicio más, un restaurante decente y una decorosa cafetería.

Foto 10. *Vista de Toledo* por El Greco. Metropolitan Museum, New York. Esta obra de un pintor del XVI responde quizás mejor que ninguna otra a la pregunta expresada en este capítulo al referirnos a la visión de los artistas. Sin embargo, ante la misma la respuesta no es de ninguna forma evidente. Toledo, ciudad Patrimonio de la Humanidad, proporciona un *tema* inagotable para artistas de todo género y época. Expresión espiritual, efectismo típicamente manierista, visión esencialista, tránsito de lo físico a lo metafísico; hay distintos argumentos todos legítimos para encuadrar al Greco. Sin embargo entre cielo y tierra aparece lo más conspícuo, por no decir lo más corriente, de un paisaje humanizado: un puente, la muralla, el castillo, el caserío, el palacio, la catedral... con el abrazo del río que fluye entre rocas, prados y bosquecillos hasta que es capturado por algunos ingenios hidráulicos nada poéticos, río abajo. ¿Por qué entonces esta vista ha atraído tanto a las gentes desde hace siglos? Otra cuestión, ¿cómo pintaría Vermeer una vista de Toledo y el Greco una de Delft?

Tacto

El tacto transmite una información única distinta de la que nos llega a través de los demás sentidos. Por eso podemos entender perfectamente la idea expuesta un poco más arriba de que los labriegos hacen con la tierra lo que los alfareros con el barro. Por la misma razón es importante poder tocar la cultura material (algo que en cambio está prohibido en los museos por razones distintas aunque obvias). Para abordar el tacto y el paisaje, y en él el patrimonio construido, deberíamos ver qué dicen los artistas, porque no todos sabemos abrazar un paisaje. ¿Cómo es la experiencia de un artista con su objeto? Para el escultor o el pintor, incluso para el fotógrafo, la mirada, que es donde todo empieza, debe de tener un algo de contacto físico, de encuentro físico. Hay cualidades carnales en la naturaleza que despiertan atracción como las hay en ciertas formas construidas por los seres humanos; en este terreno los artistas suelen ser de especial ayuda y entre ellos ciertos arquitectos capaces de urgar en lo esencial. Me remito a la obra de César Manrique o a la del arquitecto mexicano Luís Barragán, por citar dos referencias inspiradoras más contemporáneas que la del inevitable Antoni Gaudí.

Otra forma de adueñarse de un paisaje o de un bien material de un modo parecido al tacto es fotografiarlo. Hoy todo el mundo puede hacer las fotos que quiera de casi todo. La fotografía nos permite llevarnos a casa un paisaje. En el pasado (a mitad del siglo XIX, por ejemplo) esta tecnología estaba en sus balbuceos: ¿veían lo mismo un pintor de caballete y un fotógrafo ante un mismo paisaje? Un ejercicio interesante sería ver cómo distintos públicos, incluyendo artistas y especialistas (un ingeniero, un arqueólogo, un filósofo, un botánico...), han contemplado a través de sus fotos, sus vídeos o sus dibujos, un mismo monumento —el Gran Cañón del Colorado o la Grand Place de Bruselas, da lo mismo— a lo largo de un lapso determinado de tiempo. En cualquier caso, ¿por qué pintor y fotógrafo acostumbran a escoger dos vistas diferentes de un mismo sujeto para plasmarlas, y a su vez probablemente distintas de la preferida por el turista medio? Cuando los artistas crean *in situ*, ¿reflejan siempre el alma del lugar que los inspira o se limitan a reflejar su propia alma?

¿Y si algunas de las técnicas que ayudan a los invidentes a visitar un museo se adaptara o simplemente se trasladara para uso de los videntes?

3.2.3 Paisajes con pedigrí

El pedigrí es una cualidad que se les supone a los animales cuya genealogía es conocida. La genealogía de los lugares es igual de importante. En el fondo, la gestión del patrimonio no es otra cosa que una indagación (su particular biografía si se quiere) sobre la genealogía de los bienes materiales , de los paisajes culturales, de los paisajes a secas, sin la cual puede que no encontremos en algunos casos los argumentos suficientes que ofrecer para la gama potencial de públicos posibles. Si de la genealogía de los lugares pasamos a la de los clanes, las familias o las personas involucradas, descubrimos un nuevo recurso para indagar sobre paisajes y localidades, sobre su pasado y sus raíces, incluyendo un pasaje por la heráldica. Enorme terreno de caza, la heráldica nos lleva de la imagen a la palabra y viceversa. Imágenes, palabras, nombres...

Foto 11. Castillo de Epoisses con el balcón del Gran Condé o del milagro. La historia es larga pero el príncipe Condé llegó aquí casi por casualidad y se demoró poco tiempo. Entonces ya era una residencia de prestigio. En el frontispico de la entrada un *urs sors volet tamen stabo* o «lo quiera o no la fortuna yo seguiré de pie», la divisa de los viejos señores del lugar, manifestaba una decidida voluntad de posteridad. Acertó por lo que vemos aquel mariscal de Francia que en el XVI añadió el *tamen stabo* al *urs sors volet* original. El castillo sigue gozando de buena salud, o casi, que en época del Luis XIV (excepto una parte del recinto amurallado interior hecho derruir por el Comité de Salud Pública en 1794 para bajar los humos a los propietarios del lugar). Foto del autor.

Este monumento histórico, situado en el departamento de Côte-d'Or, Francia, es merecedor de un comentario especial. Veamos a partir del ejemplo del Castillo de Epoisses una serie de elementos que podemos tomar como referencias de una buena integración de un monumento en un paisaje:

1. Es un castillo habitado por los descendientes directos de sus propietarios ancestrales que se ha beneficiado de una continuidad en la ocupación de las instalaciones y de una permanencia en el uso del mismo como residencia.

2. Se sitúa en el centro del pueblo de Epoisses con el que interacciona continuamente a diversos niveles (por ejemplo la iglesia del pueblo está ubicada dentro del primer recinto amurallado).

3. Los propietarios mantienen los espacios del castillo vivos (organizan encuentros y fiestas privadas así como actos públicos y acontecimientos de libre acceso como conciertos y ferias locales. Participa en las Jornadas del Patrimonio que en Francia se celebran el segundo fin de semana de septiembre.

4. Está abierto a la visita libre durante el verano y la visita guiada entre abril y noviembre con la posibilidad para la segunda modalidad, de poder degustar los quesos locales en el comedor del castillo. El parque y los jardines están abiertos todo el año.

5. Las interacciones con la comunidad local se producen a varios niveles: económico, religioso, educativo. El municipio

tiene los locales de la escuela en un edicificio del XVI que forma parte de las casas que servían en el pasado como refugio a la población local en caso de guerra, dentro del primer recinto amurallado.

6. La garita del XVII que subsiste en un ángulo de la muralla exterior se ha convertido en la imagen de marca de la empresa local que ha recuperado los tradicionales quesos de Epoisses.

7. Paisaje y leyenda se confunden en el castillo. Se cuenta que uno de sus propietarios históricos, el príncipe Condé, de sangre real y vencedor de Rocroi, al conocer la vista que se podía contemplar desde la ventana de una de las torres, comentó que era una lástima que la ventana no fuera un balcón. Al día siguiente cuando se levantó, después de una jornada de caza, el balcón estaba construido.

8. La literatura tiene también un rincón reservado. Madame de Sevigné habla en una de sus célebres epístolas de la habitación que le tenían reservada en el castillo. Chateaubriand fue asimismo huésped habitual durante cierta época de su vida.

9. La historia del castillo se remonta a épocas de leyenda. San Columbano el misionero irlandés pasó por aquí hacia el 600 cuando evangelizaba a los francos. No se sabe si se encontró entonces con la reina de los francos merovingios Brunehilda (hija del rey visigodo Atanagildo) mientras residía en el castillo con su hijo Thierry, desde que este recibiera en herencia el territorio de la Borgoña.

Nombres

La recuperación o la puesta en valor de un paisaje, cualquiera que sea, pasa de una forma u otra por el rescate de los nombres. Sin esta operación todo proyecto de gestión del patrimonio quedará cojo, sin verdadera proyección. Los lugares sin los nombres que les dan consistencia pierden entidad (pierden identidad); se difuminan y se olvidan. Recuperar un nombre, darle el relieve que merece, es empezar a recuperar un lugar y más si el lugar es modesto. Hay un vocabulario específico asociado a cada lugar; hay unos nombres de lugar y unos nombres de persona distintivos y específicos para cada lugar. Hay a menudo una etimología sorprendente detrás de esos nombres corrientes o no tan corrientes, a la espera de ser redescubierta. La pérdida de los nombres es una pérdida patrimonial enorme. Tal pérdida, como ya hemos insinuado, sobreviene por abandono, por olvido, por rechazo también, lo que tiene sus causas. Sin embargo, los nombres dan lustre a los lugares y el hacer reverdecer sus brillos y sonoridades renuevan la atracción hacia tales lugares. Más allá todavía están las raíces más escondidas de estos nombres que hunden sus esferas de significado en lo más profundo del paisaje y de la conciencia humanas. También ellas merecen el rescate.

En Teguise, Lanzarote, hay una calle que se llama el Muro. No hace falta añadir mucho más; solo hay que verla. Pero además es que en la isla, los muros de piedra de lava son ubicuos y en las afueras de los pueblos dibujan medias lunas de sombra y frescor en los bordes de los hoyos en los que se plantan las vides. El Escorial era un despoblado a unas leguas de Madrid donde se amontonaban las escorias de cierta actividad minera de los alrededores. O quizás era, según la opinión de otros, un paraje donde abundaban los quejigos, lo que daba un color oscuro al monte. Al descampado de París junto al Sena donde cada nuevo rey entronizado añadía un ala nueva al palacio a medio construir de su antecesor, no le cabía a la gente la duda de cómo nombrarlo: *l'Ouvre*, una obra que se estaba eternizando.

Pero, se preguntarán ¿por qué se llama Molina de Aragón si pertenece a Castilla? Pues he aquí el reclamo, un pequeño hecho diferencial, un dato curioso, la chispa que llama la atención y que las murallas de la villa acabarán por aclarar. Más ejemplos; el pintoresco pueblo alsaciano de Kaysersberg es un pueblo que sigue agazapado a la sombra de la antigua «colina del emperador». La Garde Adhémar (pueblo con carácter del departamento de la Drome) sigue montando simbólicamente la guardia desde su roca altozana por encima del valle del Ródano, a las puertas de la Provenza (aunque ahora ya no montan la guardia en exclusiva los hombres de los señores de Adhémar, que a la sazón poseían el pueblo en feudo). Uno y otro son nombres de pueblo bonitos, en dos lenguas distintas, de fácil y agradable dicción, que en esto también hay diferencias. Uno de los nombres más bellos de la geografía española es Madrigal de las Altas Torres; diríase que es un pueblo con suerte (aunque ha aguantado mal el paso de los años) puesto que después de todo es cuna de reina.

Descompongamos los nombres e investiguemos que hay dentro de ellos con la ayuda de expertos. Estos nos dirán que el significado y la forma de los nombres también evoluciona y cambia, como la forma de pronunciarlos, que varía asimismo de un lugar a otro, incluso de un tiempo a otro. Proust (1918: 150) evoca el caso divertido de un cambio de sexo nada menos. Un cura hace de guía a un grupo que incluye a una joven, Eulalia, y ante las vidrieras de la iglesia donde está representado San Hilario comenta:

> Ese es *sant Hilaire* también llamado en ciertas provincias, ustedes ya deben saberlo, *sant Illiers, saint Hélier* e incluso en el Jura *saint Ylie*. Estas diversas corrupciones de *sanctus Hilarius* no son de las más curiosas que podemos encontrar, ¿saben que le sucedió en Borgoña a *sancta Eulalia,* la patrona de mi buena amiga Eulalia? Pues que se transformó en santo, *Saint Eloi.*

Algo parecido, por la contundencia del cambio, pasó en la antigua Villa de Gracia de Barcelona, donde la calle Torrente Flores (del nombre de un promotor local del xix del que nadie se acuerda hoy) se ha convertido, en boca de todos, en calle Torrent de les Flors, corrección poética muy indicada si pensamos que la calle sucede a una antigua rambla a cielo abierto donde campaban flores, insectos, ratones y todo tipo de hierbas.

Textos

Libros antiguos, anuarios, diccionarios, mapas, enciclopedias, almanaques, libros piadosos, historias milagrosas, panegíricos, guías turísticas antiguas, revistas, periódicos, folletos publicitarios, anuncios, calendarios, álbumes fotográficos, fotos de familia, fotos de viaje, folletos turísticos, pósteres y santorales constituyen reservas de saber de un gran valor para todo proyecto de recuperación patrimonial. Todos ellos constituyen fuentes válidas y a veces fuentes únicas, insustituibles para reconocer un territorio y poner en valor un conjunto de bienes materiales. A menudo su valor primordial reside en la antigüedad de tales documentos al conservar datos, nociones, definiciones, imágenes y un tipo específico de información que no existe ya en otro lugar. Un mapa antiguo de una localidad, una cita en un almanaque, una referencia en un periódico, pueden transformar la idea que teníamos de tal localidad. O sugerirnos ideas nuevas. Otra cosa es dónde pueden encontrarse este tipo de documentos y cómo acceder a ellos. Bibliotecas y museos locales, próceres y grandes clanes familiares locales, grandes propietarios, familias de raigrambre, todos ellos son *a priori* candidatos a conservar todavía este tipo de material que, sin embargo, tiende a perderse irremisiblemente.

Luego están los textos literarios y los libros de viajes, formando otra categoría de recurso, quizá imprescindible. Gaziel, un gran periodista y escritor catalán de preguerra, hoy en exceso desatendido, viaja a través de Castilla en 1953. Su testimonio es turbador, sobre todo debe de serlo para las generaciones actuales más jóvenes, a las que se les hace difícil visualizar cómo ha cambiado España en menos de un siglo. Una muestra para juzgar:

> Ávila es seguramente la más vetusta, la más triste, de las antiguas y famosas ciudades castellanas. No puede compararse con Toledo por la mezcla extraordinaria de

los tres mundos que allí se reunieron, como en un crisol de razas y culturas, ni por su grandeza imperial. Tampoco tiene la elegancia señoril y teológica de Salamanca, dulce y renacentista. No es un museo escampado a lo largo de los siglos como Segovia. Es Castilla pura, monolítica y nada más. Y aún con un cuerpo reducido a la mínima expresión: la justa para que aguante un espíritu, un alma. Me interno por el corazón de la ciudad. El sol luce pero todo está desierto, calles, plazas. Voy resiguiendo innumerables iglesias, innumerables conventos: muchos más que tiendas. Estas van abriendo cansinamente pero solo en dos o tres vías principales (...). Los escaparates son tristes y pobres, mal compuestos y llenos de plovo (...). Unas beatas oscuras, unos capellanes negros, unos arrieros del color pardo de la tierra: es todo lo que se ve circular de tanto en tanto entre grandes lapsos de soledad absoluta (1987: 19).

No sorprenderá demasiado si decimos que del Quijote, como del cerdo, se puede aprovechar todo. No solo pueblos y villas de la Mancha han recurrido a él, también lo han hecho Barcelona, Madrid y otros tantos lugares, aunque en términos turísticos lo han hecho de forma bastante tímida; por ejemplo, unas rutas cervantinas o del Quijote aparte de ciertas referencias culinarias en los menús de los restaurantes, cuando el discreto valle de Alcudia y la laberíntica Sierra Madrona, en el corazón de la novela, rebosan de lugares cervantinos casi olvidados como la Venta de la Inés o la Fuente del Alcornoque, que siguen en pie. El Quijote es un pozo sin fondo. Todas las grandes obras de la literatura lo son.

Palabras y gestos

Las palabras forman familias que ponen en evidencia relaciones entre ellas y jerarquías. Estas secuencias y conglomerados pueden ser una herramienta más para el redescubrimiento de un lugar y su recuperación, como lo puede ser considerar la dimensión semántica de ciertas palabras clave, así como el elemento simbólico asociado a ellas (ya se ha señalado más arriba la riqueza del sustantivo Madrid). Las palabras como objeto de preocupación o de investigación constituyen un apartado relacionado con los nombres y los textos (incluidos eslóganes, epitafios, lemas, dichos, sentencias, rimas, *motos*...) evidentemente, pero por el carácter técnico que implica su empleo como objeto de investigación en proyectos patrimoniales, reclaman una colaboración específica de especialistas como los lingüistas o los semiólogos. Aunque si esta nos falta siempre podremos acceder a diccionarios como el Corominas y algún otro para bucear a placer.

Las palabras salen también de bocas concretas pertenecientes a personas concretas y eso sucede en el día a día. De ahí la importancia de considerar la palabra (también la expresión y el gesto) como fuente, como recurso, en un contexto de implicación de testimonios vivientes. ¿De qué hablan y de qué no hablan los actores locales? Las palabras que emplean para hablar de su mundo, de su entorno, de sus problemas y de sus proyectos; la forma de decirlas, puede iluminar facetas desconocidas para otros de una realidad específica. La gente del lugar es a veces la única capaz de dar sentido a relatos e historias que siguen ahí recontándose, describiendo nuevos bucles, reciclándose una y otra vez, mientras esperan encontrar al receptor adecuado. Los personajes locales, sobre todo los más ancianos, son insustituibles para la transmisión de conocimientos concretos y específicos: una técnica, un útil, una costumbre, una forma de celebración, un arte, una receta. Una secuencia de gestos con la herramienta correcta más alguna palabra pronunciada en el momento preciso, nos pueden guiar, de la mano de un testimonio local, hasta el pasado más lejano (unos ejemplos entre muchos: cómo extraer correctamente a mano un bloque de piedra de una cantera para uso ulterior de un picapedrero; cómo obtener de la naturaleza el tinte natural adecuado para una labor de tintorería tradicional...).

Manifestaciones/acontecimientos

Se acaba de apuntar: los actos pueden valer tanto o más que las palabras. Muchos proyectos patrimoniales pueden transformarse o acaso incluir una parte importante de realizaciones en vivo; es decir, de actos mediante los cuales un determinado discurso se hace acontecimiento. La representación, la *performance,* implica poner a disposición de la gente otro tipo de recurso igual de válido para comunicar ideas y conceptos, para hacer compartir sensaciones y emociones. Visitas teatralizadas, representaciones dramáticas, *performances*, iluminaciones, conciertos, etc., la gama es variada y conocida. Al sur de Barcelona, en territorio *indiano* entre Sitges y Vilanova-la Geltrú, diferentes convocatorias resucitan la memoria de estos migrantes afortunados; por ejemplo en Sant Pere de Ribes donde se celebra en junio *El retorn dels indians*, con rutas teatralizadas por la población que invitan junto con otras propuestas a descubrir tal patrimonio. Algo parecido ocurre en el norte de España entre Llanes y Comillas, otro territorio de tradición indiana. La abadía de Fontenay en la Borgoña es cita obligada cada verano para los amantes de la música clásica. Su verano musical incluye siempre un concierto a la luz de las velas que iluminan cada rincón de este monumento reconocido como Patrimonio de la Humanidad. Bajo la luz de parecidas velas antaño se cantaba el gregoriano en la misma nave de piedra y hoy se revive la experiencia llegado el buen tiempo. El Misterio de Elche, las Danzas de la Muerte de la Procesión del Jueves Santo del pueblo de Verges en el Empordà (o Ampurdán), las fiestas de Sant Joan de Ciutadella en Menorca, estas y otras grandes celebraciones que recorren la geografía (en este caso la de la costa mediterránea española) son oportunidades magníficas a través de las cuales manifestaciones del patrimonio inmaterial de gran arraigo local se convierten en acontecimientos capaces de dar una nueva dimensión a los bienes del patrimonio material o a los paisajes que los acogen, por obra y gracia de su vocación intrísicamente participativa.

Pero hay otro tipo de realizaciones *événémentielles* que se basan en la participación, que también están ganando terreno: las que apuestan por la experimentación. Una de ellas merece ser nombrada en particular porque seguramente es el taller más grande al aire libre de arqueología experimental jamás abierto al público: Guédélon (Nievre, Borgoña). Desde su creación en 1997 más de tres millones de personas lo han visitado. Se trata de la construcción de un castillo fortificado del siglo XIII realizada según los métodos y las técnicas de la época con empleo de materiales locales (el sitio está junto a una cantera natural como solía ser el caso en la época). Guédelon plantea al público, tanto al turista como al especialista, la pregunta, ¿cómo funcionaba una obra mayor en la Edad Media? A esta simple demanda es a la que un equipo de entusiastas —arqueólogos, artesanos y obreros— está tratando de dar respuesta desde hace veinte años, embarcados en un viaje que va de la teoría a la práctica y de la excavación a la realización experimental de un proyecto concreto. Albañilería, carpintería, alfarería, transporte, herrería, todo hay que recrearlo de cero: cuerdas, herramientas, rebocos, grúas, poleas, carretas... Guédelon es un libro abierto en tres dimensiones y un laboratorio para el conocimiento, abierto a todo el mundo.

Memorias

«Por supuesto que se trata de la atmósfera —algo que todavía se respira de aquellos viejos tiempos— que es de la mayor importancia para la memoria y muy difícil de preservar y reproducir». Así hablaba R. Middleton Munroe (1920) de los retos de la memoria, el que fue uno de los pioneros de Miami, el hombre que levantó la casa más antigua de la ciudad y de todo el condado junto a la playa en la bahía de los Vizcaínos, convertida hoy en museo. Para los veteranos como Munroe, y para la mayoría de mayores, los recuerdos son un ingrediente de la vida del que no se puede pasar; tanto más cuando están asociados a intensas percepciones sensoriales. Lógicamente las memorias aumentan con los años y acudir a ellas es visto por la ciencia como un dato positivo para la salud mental de los afectados.

La memoria individual es muy selectiva, como la nostalgia, con la que va a menudo emparejada; los dos son fenómenos estrechamente relacionados que, al transformarse en sociales, adquieren una dimensión nueva y se vinculan al desarrollo de la patrimonialización de la herencia cultural común.

La llamada *memoria* como parte de la historia o más bien como su complemento y más aún, su concreción como «deber de memoria», contribuyen muy legítimamente a la generación de productos patrimoniales que luego aprovecha la industria del turismo. El conjunto de sinagogas y cementerio judío de Praga es un ejemplo y una de las mayores atracciones turísticas de la ciudad. Pero no hace falta poseer la tumba del general de Gaulle o la playa del Desembarco del 8 de Junio de 1944 para poder activar un elemento patrimonial que haga honor a la memoria de una generación. Ni tampoco todas las iniciativas de recuperación de la memoria deben obedecer a una concepción de la misma en términos solo de «deber de memoria», que restringe la cuestión a episodios de persecución e injusticia sobre una parte de la sociedad. Pequeños hechos y acontecimientos de la pequeña historia local, que a veces pasan desapercibidos, pueden esconder un gran potencial memorialista, como la llegada del agua corriente a los pueblos, la desaparición de una ruta del ferrocarril, una modificación de las fronteras que delimitan la pertenencia a una u otra provincia o región, la proliferación de los Seat seiscientos o la primera casa construida en la nueva ciudad; son sucesos todos ellos susceptibles de haber tenido a corto o medio plazo una fuerte repercusión sobre el paisaje familiar. Señalemos al respecto un caso simplemente curioso, el que refleja la fotografía.

Foto 12. Foto de carretera con árboles alineados. La hilera de plátanos a cada lado de una carretera, destinada a estabilizar la calzada, es el origen de una imagen estereotipada del paisaje francés: las carreteras sombreadas del Midi tan apreciadas por los turistas nacionales y extranjeros de los años sesenta y setenta. Una línea de palos de telefonía no suscitaría grandes anhelos conservacionistas, sin embargo las hileras de árboles que delimitan las carreteras locales, que han sido salvadas en algunos países como en Francia y eliminadas en otros como España, culpando a los árboles de muchos accidentes de tráfico (durante los años setenta se eliminaron estos aditamentos culpabilizándolos de los incrementos exponenciales de los accidentes de circulación en las carreteras locales), sí conservan para muchos un interés en ellas mismas; son parte inseparable de un paisaje familiar que ya ha quedado inscrito en muchas memorias. Cuanto más para los franceses del Norte para quienes estas carreteras sombreadas significaban la llegada al destino de vacaciones en el Sur. Foto del autor.

4.
MATRIZ TÉCNICA PARA EVALUAR ACTIVOS

Hemos definido de forma implícita *activo* como aquello a partir de lo cual podemos crear valor (no en un sentido únicamente financiero, claro). En una gran parte de los destinos susceptibles de ser visitados (parques, pueblos, valles industriales, centros históricos, conjuntos monumentales) podemos distinguir hasta seis tipos de activos genéricos que de forma integrada contribuirán a la excelencia patrimonial del sitio y consecuentemente a su atractividad. Enumerémoslos:

1) La calidad paisajística intrínseca del lugar:

- Sus panoramas
- Su diversidad biológica
- Su heterogeneidad

2) El valor de los bienes del patrimonio material que conserva:
- Los bienes clasificados y protegidos
- La conservación
- La puesta en valor

3) El valor de las manifestaciones del patrimonio inmaterial que atesora:
- Las manifestaciones clasificadas y protegidas
- Otras manifestaciones festivas
- La participación

4) La calidad de la trama construida o trama urbana:
- La calidad urbanística
- La calidad arquitectónica

5) La calidad de la acogida dispensada a los visitantes por la comunidad local:
- La movilidad
- Los espacios públicos
- La oferta turística
- Las estructuras de acogida

6) La calidad y peso del conocimiento local aplicado en las actividades económicas del destino (actividades tradicionales o no, incluida la promoción local):
- Los conocimientos, usos y costumbres
- La sostenibilidad
- El partenariado local-visitante

Los gestores de un plan integrado de valorización del paisaje y del patrimonio podrán desglosar o desdoblar más cada uno de los seis ítems incorporando subelementos implícitos en el enunciado de cada ítem o subítem, aparte de considerar otras referencias asociadas, como se sugiere a continuación. Podrán asimismo convertir las valoraciones iniciales expresadas de forma genérica en un tipo u otro de puntuación que permita afinar más hasta poder establecer escalas con fines comparativos o desarrollar sistemas de clasificación más elaborados que contribuyan a un desarrollo lo más objetivo posible del proceso de evaluación. Incluso el resultado final obtenido se podrá traducir en cifras o iconos sintéticos fácilmente divulgables a base de exponer en los municipios, o en los lugares patrimoniales, paneles que los incorporen, estandarizando las fórmulas empleadas para comarcas o regiones enteras. De esta manera se podrá desarrollar una forma de concretización visualmente sugerente de la atractividad del lugar que ayudaría a su promoción, contribuyendo además todo este desempeño, al aumento de la autoestima local.

La calidad paisajística intrínseca del lugar

La calidad paisajística intrínseca global de un espacio incluye potencialmente a una multitud de aspectos cuya evaluación queda en manos de los gestores de proyectos y de una variedad de colaboradores. Así, en este apartado cabría evaluar, por ejemplo, la *biodiversidad*. Pero también, la *calidad panorámica* de un entorno o el tipo de enclavamiento de un municipio o bien patrimonial (un municipio situado encima de una colina es distinto de uno escondido en el fondo de un barranco; véase si no cómo se asoma al Tajo la ciudad malagueña de Ronda, lo que le da naturalmente una ventaja más sobre otras ciudades también *bonitas*). Lógicamente también habría que evaluar, a un segundo nivel, la calidad no solo visual de cada uno de los otros elementos integrantes de un todo tan genérico (tratamiento de las aguas usadas, de las vías de comunicación, de las estructuras urbanas diseminadas...) y en particular, el nivel de *heterogeneidad paisajística* del conjunto (diversidad de cultivos, biodiversidad en prados y bosques, características del roquedo, impactos de la silvicultura, desniveles, variedad solana/umbría...). En otras palabras, un rico mosaico de verdes y ocres frente a la monotonía del monocultivo. Se trata como se ve de un ámbito que integra, como el chaleco con bolsillos de un pescador deportivo, «todo lo demás», por la propia definición de paisaje que se ha defendido hasta aquí.

El valor de los bienes del patrimonio material que conserva

Los bienes del patrimonio material (histórico, artístico, antropológico, arquitectónico, museos y colecciones) poseen la virtud consustancial de que se presentan singularizados. Son parte de algo más, sin duda, pero ahí están en su especificidad, como si esperaran nuestra llegada a través de los siglos. Son verdaderos imanes en cualquier lugar donde se manifiesten, dotados de una fuerza de atracción que no se puede subestimar. Pensemos por un momento en lo que representa el Acueducto para la ciudad de Segovia. Dado su carácter, existen disciplinas técnicas especializadas con su arsenal propio de recursos para lidiar con este tipo de bienes protegidos, como las que practican los conservadores de colecciones, los conservadores-restauradores, los museólogos o ciertos arquitectos especializados. Todos velan conjuntamente desde su particularidad y especialización por la conservación y puesta en valor de tales bienes, su interpretación y su presentación adecuada para todo tipo de públicos. Estos cuidados, rutinarios y a la vez exigentes, los convierten en bienes caros de mantener, lo que hay que tener en cuenta siempre en cualquier proyecto. Se podría decir para resumir que, como norma general, un lugar atractivo posee normalmente un *bien patrimonial clasificado* o más de uno y siempre convenientemente conservados.

El valor de las manifestaciones del patrimonio inmaterial que atesora

El patrimonio inmaterial de la humanidad ha sido objeto de reconocimiento por la UNESCO aunque más tarde que el patrimonio material. En este dominio, la calidad del factor humano es crucial, así como el vigor de las raíces de las que sale la sabia que perpetúa gestos, acciones y celebraciones. La *participación popular* es otro de los pilares sobre los que se sustentan este tipo de manifestaciones cuya recuperación brillante es uno de los fenómenos más clamorosos de nuestra reciente contemporaneidad. Muchas fiestas locales llenas de tradición y color aunque sin aspirar a reconocimiento universal, son motivo también de atracción popular y ayudan a dar visibilidad a los pueblos. En ciertas ocasiones la teatralización basada en acontecimientos o celebraciones anclados en el calendario se emplea con éxito en actividades de divulgación de monumentos y lugares, y nunca falta en estos casos la contribución de los voluntarios. En resumen, los recursos empleados en animación de calles y lugares, celebraciones (la fiesta patronal, el aniversario del paso del rey tal por el pueblo, la inauguración del ferrocarril, el aniversario del nacimiento de tal prohombre...) y realización de festejos tradicionales, constituyen herramientas de primer orden para la atractividad de un destino.

La calidad de la trama construida o trama urbana

El espacio construido, sus dimensiones, la trama urbana; nos referimos en este apartado a aquella parte del paisaje que ha sido objeto de la mayor transformación, juntamente con los espacios industriales o agroindustriales. Para una ciudad pequeña, un casco histórico o un pueblo, la *homogeneidad del caserío* y la *coherencia del modelo urbanístico* son típicamente dos elementos de referencia a considerar. En este terreno, el nivel y la calidad de la rehabilitación deseados nos obligan a poner la atención sobre un tipo determinado de parámetros. Por ejemplo, sobre la armonía de los vanos o sobre el color de fachadas y cubiertas. Pero también nos obligan a considerar en la recuperación del hábitat, el empleo de técnicas y materiales tradicionales de origen local; un objetivo irrenunciable en muchos casos y al que habrá que hacer frente con los apoyos técnicos y administrativos necesarios. Más allá de la recuperación arquitectónica del caserío, el combate por la excelencia deberá atender a otros detalles como, por ejemplo: el enterramiento del cableado eléctrico y telefónico, las soluciones destinadas a facilitar la selección y recogida de los desechos domésticos, el posible desasfaltado de algunas calles y posterior reempedrado, la limitación de paneles publicitarios y el cuidado estético de los escaparates comerciales. Urbanistas y arquitectos (también ingenieros en algunos casos) son los tipos de especialistas más naturalmente implicados en este apartado. Finalmente habrá que saber integrar en todo proyecto el hecho de que la rehabilitación urbana puede ser el origen de otro tipo de problemas futuros: la temida *gentrificación* de determinados barrios o áreas urbanas.

La calidad de la acogida dispensada a los visitantes por la comunidad local

Entramos en un terreno muy específico y altamente sensible, el de la relación local-visitante, traducible para el gestor en términos de *receptividad*. Cualquier proyecto patrimonial ha de integrar la *acogida*. La calidad de la acogida es susceptible de medirse como receptividad y engloba todo lo relacionado con el bienestar del visitante. En concreto, tiene que ver con varios ámbitos de actuación, fundamentalmente: a) el urbanismo y la movilidad que incluye, la peatonalización de espacios urbanos, la gestión de la circulación, la facilidad de aparcamiento; b) la dignificación del espacio público o embellecimiento exterior con su programa de revegetalización, y la señalización direccional e informativa, etc.; c) la disponibilidad y nivel de la oferta de restauración, de la oferta de alojamiento y de la oferta comercial minorista; d) las estructuras de acogida con sus puntos de información e interpretación: oficina de turismo, centro de interpretación, dispositivos de alquiler de bicicletas, patinetes..., organización de visitas guiadas, etc.

Por otra parte, la receptividad toma prestado del *marketing* convencional algunos principios, a saber: a) la distinción en el trato: el visitante es un huésped; b) la personalización de las relaciones; c) la búsqueda de la calidad en cualquier desempeño. La forma de establecer esta relación entre partes —por ejemplo en un museo de sitio, en un parque nacional o en una zona arqueológica— determina muy a menudo que la mejor tarjeta de visita de un destino sea cada uno de los empleados o voluntarios que tratan directamente con el visitante, lo que implica selección y formación de los mismos.

La calidad y peso del conocimiento local aplicado en las actividades económicas del destino

Los lugares visitados, villas, pueblos, comarcas, viven a menudo de actividades económicas propias más o menos tradicionales, aparte del turismo. Estas actividades pueden ser en parte el resultado de un saber hacer local que viene de lejos. Las actividades agrícolas y forestales, vinculadas a la conservación del paisaje, y las actividades artesanas y artísticas que perduran, son todas hijas de un conocimiento específico transgeneracional y de una adaptación ejemplar al medio. Este caudal de *conocimientos y prácticas* es un tesoro que tiende a perderse de forma irremediable dadas las transformaciones que operan en el mundo contemporáneo. La conservación de los usos y costumbres como política inspirada en el principio de sostenibilidad y el apoyo al conocimiento específico local en el campo y en la industria (mecenazgo, promoción, labelización como en el caso citado de la Route des Savoir-faire del Oisans, compra de productos locales, etc.), contribuyen a establecer un *vínculo social* positivo entre las partes, los locales y los visitantes. Más allá de este tipo de intervenciones y medidas asociadas a la recuperación de los paisajes y el patrimonio, hay naturalmente otras de mayor alcance que gravitan en favor de la recuperación de las poblaciones de las zonas que sufren de despoblación crónica, que pueden coincidir a menudo con el tipo de territorios de los que estamos hablando: territorios rurales, territorios más o menos aislados. Hablamos de medidas fiscales, de inversiones públicas en infraestructuras, de medidas públicas en favor de la inversión inmobiliaria tanto para compra como para alquiler, etc. Pero este no es tema para este trabajo.

5.
CONCLUSIONES

Parece cosa de perogrullo pero el campesino desde su casa no ve un paisaje sino campos y el propietario o el promotor ve bienes raíces allí donde el turista sí es capaz de ver paisajes. Suponemos que para ver paisajes hay que desplazarse, lo que también suele hacer en ocasiones el campesino o el propietario. En definitiva, presumimos que el empeño en descubrir paisajes es más propio de urbanitas, viajeros y turistas. O quizás simplemente haya que desembarazarse de ideas preconcebidas y osar ver de otra forma. La sociedad actual, ávida de desplazamientos, produce una demanda extrema de paisajes como nunca ha debido de existir antes, hasta el punto que se produce una natural mezcla riquísima de aproximaciones, sensibilidades y motivaciones. Asociamos al paisaje virtudes higiénicas y salutíferas, y cómo no valores utilitarios, pero también ecológicos, estéticos e incluso patrimoniales; aunque siempre acostumbra a haber entre el sujeto y el objeto una cierta distancia, un alejamiento obligado para que pueda operar la magia de convertir un espacio geográfico determinado, un simple paraje, en algo que al cualificarlo de paisaje, con voluntad de patrimonialización o sin ella, le otorgamos un cierto valor absoluto.

Parece fuera de discusión que necesitamos desarrollar una gestión más integradora del paisaje para verdaderamente poder decir que nos ocupamos del patrimonio y viceversa. Ello implica varias cosas. Por un lado hacer converger y poner de acuerdo a todos los interesados que viven y dependen del territorio o que están asociados al mismo, porque legítimamente les corresponde a ellos expresarse los primeros y porque todos ellos participan en los procesos de atribución de valor, desde los arqueólogos a los conductores de autobús, desde las autoridades locales a los artesanos y los pequeños comerciantes. Ello es tan importante como comprender que el paisaje que se disfruta desde potencialmente cualquier punto es el soporte necesario de toda localización patrimonial posible, lo cual tiene sus consecuencias a nivel de gestión. Siendo ambas premisas fundamentales, el empeño de llevar a cabo un proyecto de conservación y puesta en valor del paisaje-patrimonio quedará cojo si no logramos: primero, conectar lo aparentemente desconectado, haciendo que los distintos *patrimonios* converjan y resuenen juntos como las campanas de la iglesia cuando tocan por las fiestas; segundo, sacar el mejor partido del bien o recurso a base de conferirle más y más valor en beneficio de todos, locales y turistas, lo que implica más investigación y conocimiento, aunque también y en grado superior, priorización de las soluciones locales y los desempeños sostenibles, sin olvidarse del talento especializado y del desarrollo de soluciones tecnológicas adaptadas a cada caso.

Mediante la articulación, empleo y revisión sistemática de criterios y pautas como los expuestos en la matriz evaluadora, la gestión del patrimonio pondría a disposición de los entes públicos, las empresas, las asociaciones locales y los profesionales, una herramienta de intervención sobre el territorio susceptible de incrementar la atractividad de los municipios y de otros lugares con vocación y méritos para recibir a visitantes, contribuyendo a fomentar una visión integral del patrimonio, el desarrollo sostenible de los proyectos de intervención y, en general, el progreso local. Porque cualquier sitio ha de poder explicar una historia que capture el deseo y la imaginación de la gente y cada localidad está potencialmente en disposición de sacar el mayor provecho del patrimonio que atesora.

BIBLIOGRAFÍA

Bauman, Z., 2017: *Retrotopía*. Paidós, Barcelona.

Bernardin de Saint Pierre,1788: *Paul et Virginie*. Éditions Gallimard (1984), París.

Berque, A. (Coord.), 1994: *Cinq propositions pour une théorie du Paysage*. Champ Vallon, Seyssel.

Corbin, A., 2016: *Histoire du silence. De la Renaissance à nos jours*. Albin-Michel, París.

Convenio Europeo del Paisaje. «Tratado de 20 de Octubre de 2000 del Consejo de Europa». Florencia.

Corominas, J. y Pascual, J.A., 2010: *Diccionario crítico etimológico castellano e hispánico*. Gredos, Madrid.

Couret, L. (Coord.), 2009: *Des paysages à voir et à lire en Bourgogne.* Educagri éditions, Dijon.

Covarrubias, S., 1611: *Tesoro de la lengua castellana o española.* Edición de I. Arellano y R. Zafra (2006), Iberoamericana, Madrid.

De Azúa, F., 2016: «Paradoja». *El País*, 20 diciembre 2016, Madrid.

Diccionario del español actual, 2011. Santillana, Madrid.

Donadieu, P., 1994: «Pour une conservation inventive des paysages». En A. Berque, *Cinq propositions pour une théorie du Paysage*, pp.53-79, Champ Vallon, Seyssel.

Du Maurier, D., 1941: *L'auberge de la Jamaïque.* Albin Michel, París.

Ford, R., 1990: *Rock Sprigs.* Anagrama, Barcelona.

Hemingway, E., 1952: *The Old Man and the Sea.* Scribner (2003), New York.

Hoskins, W.G., 1970: *The Making of the English Landscape.* Penguin Books, London.

Gamble, C., 1999: *The Palaeolithic Societies of Europe.* Cambridge University Press, Cambrige, UK. Hay traducción en español: *Las sociedades paleolíticas de Europa* (2001), Ariel, Barcelona.

García de Cortázar, F., 2018: *Viaje al corazón de España*. Arzalia Ediciones, Madrid.

Gaziel, 1987: *Castella endins*. Editorial Selecta, Barcelona (existe versión en castellano de la obra).

Goubert, P., 1980: *El Antiguo Régimen. Vol. 1*. Siglo Veintiuno Editores SA. Madrid.

Jackson, J.B., 1984: *Discovering the Vernacular Landscape*. Yale University Press, New Haven and London.

Jackson, J.B., 1994: *A Sense of Place, a Sense of Time*. Yale University Press, New Haven and London.

Kaplan, R.D., 2017: *La venganza de la geografía*. RBA, Barcelona.

Lowenthal, D.,1985: *The Past is a Foreing Country*. Cambridge University Press, Cambridge.

LLedó, E. 2012: «Mythos». *El País*, 24 de noviembre de 2012. Madrid.

Maderuelo, J. (Dir.), 2006: *Paisaje y pensamiento*. Abada editores, Madrid.

Magris, C., 1998: *El Danubio*. Editorial Anagrama, Barcelona.

Marchán, S., 2006: «La experiencia estética de la naturaleza y la construcción del paisaje». En J.Maderuelo, *Paisaje y pensamiento*, pp. 33-41. Abada editores, Madrid.

Martínez de Pisón, E., 2009: *Miradas sobre el paisaje*. Biblioteca Nueva, Madrid.

Monreal, P., 2003: «El turismo como industria cultural. Hacia una nueva estrategia de desarrollo turístico en América Latina y El Caribe». Patrimonio Cultural y Turismo. Cuadernos 3, pp. 216-236. CONACULTA, México DF.

Patin, V., 2012: *Tourisme et patrimoine*. La Documentation Française, París.

Piferrer, P., Parcerisa F.J. y otros (1839-1865): *Recuerdos y bellezas de España*. Barcelona.

Pitte, J.R., 2012: *Histoire du paysage français: de la préhistoire à nos jours*. Taillandier, París.

Pla, J., 1981: *El geni del país i altres proses*. Edicions 62, Barcelona. También publicado en el volumen VII de la obra completa (1968).

Proust, M.,1918: *Du côté de chez Swann. A la recherche du temps perdu*. Le Livre de Poche Classiques (1992), París.

Roger, A., 1997: *Court traité du Paysage*. Éditions Gallimard, Paris. Existe traducción en español: *Breve tratado del paisaje* (2007), edición de Javier Maderuelo, Paisaje y teoría, Biblioteca Nueva, Madrid.

Roth, J., 2003: *Fuga sin fin*. Acantilado, Barcelona.

Rousseau, J.J., 1782: *Les Rêveries du Promeneur solitaire*. Éditions Gallimard (1972), París.

Ruiz Zapatero, G., 2012: «Presencia social de la arqueología y percepción pública del pasado». En Ferrer García, C. y Vives-Ferrándiz, J. (eds.) *Construcciones y usos del pasado*. pp. 31-73. Museo de Prehistòria de València. Valencia.

Schlereth, T.J., 1992: *Cultural History and Material Culture. Everyday life, Ladscapes, Museus*. University Press of Virginia, Charlottesville and London.

Sebald, W.G., 2008: *Los anillos de Saturno*. Anagrama, Barcelona.

Stilgoe, J.R., 2005: *Landscape and Images*. University of Virginia press. Charlottesville.

Stilgoe, J.R., 2015: *What Is Landscape?* The MIT Press. London and Cambridge (Mss).

«The Barnacle Historic State Park», 2005. Florida Department of Environmental Protection, Coconut Grove, Miami, Florida.

«The National Trust», 2010: Handbook for Members and Visitors. The National Trust.

Thomas, K., 1984: *Man and the Natural World*. Penguin Books, London.

Thoreau H.D., 1854: *Walden or la vie dans les bois*. Climats, Flammarion (2015), París.

Toublanc, M., 2009: «La recherche en sciences sociales dans les écoles de paysage en France». *Projets de Paysage*: www.projetsdepaysage.fr

Twain, M., 2013: *Las aventuras de Huckleberry Finn*. Alianza Editorial, Madrid.

Verne, J., 1966: *Cinq semaines en ballon*. Hachette Livre de Poche, París.

Zweig, S., 1996: *Pays, villes, paysages*. Belfond, París.